O incômodo

CONSELHO EDITORIAL

André Costa e Silva

Cecilia Consolo

Dijon de Moraes

Jarbas Vargas Nascimento

Luis Barbosa Cortez

Marco Aurélio Cremasco

Rogerio Lerner

pequena
biblioteca
invulgar

Blucher

Sigmund Freud

O incômodo
Das Unheimliche (1919)

Precedido por "Psicologia do incômodo" (1906),
de Ernst Jentsch

Posfácio
Peter-André Alt

Tradução e notas
Paulo Sérgio de Souza Jr.

O incômodo, de Sigmund Freud
Título original: *Das Unheimliche*, publicado originalmente em 1919
Série pequena biblioteca invulgar, coordenada por Paulo Sérgio de Souza Jr.
© 2021 Editora Edgard Blücher Ltda.

Publisher Edgard Blücher
Editor Eduardo Blücher
Coordenação editorial Jonatas Eliakim
Produção editorial Isabel Silva
Tradução Paulo Sérgio de Souza Jr.
Revisão técnica Susana Kampff Lages, Claudia Berliner
Preparação de texto Bonie Santos
Diagramação Negrito Produção Editorial
Revisão de texto Danilo Villa
Capa e projeto gráfico Leandro Cunha

Blucher

Rua Pedroso Alvarenga, 1245, 4° andar
04531-934 – São Paulo – SP – Brasil
Tel.: 55 11 3078-5366
contato@blucher.com.br
www.blucher.com.br

Segundo Novo Acordo Ortográfico, conforme 5. ed. do *Vocabulário Ortográfico da Língua Portuguesa*, Academia Brasileira de Letras, março de 2009.

É proibida a reprodução total ou parcial por quaisquer meios sem autorização escrita da editora.

Todos os direitos reservados pela Editora Edgard Blücher Ltda.

DADOS INTERNACIONAIS DE CATALOGAÇÃO NA PUBLICAÇÃO (CIP)
ANGÉLICA ILACQUA CRB-8/7057

Freud, Sigmund, 1856-1939
O incômodo / Sigmund Freud; tradução de Paulo Sérgio de Souza Jr. – São Paulo: Blucher, 2021.
(Série pequena biblioteca invulgar)

Bibliografia
ISBN 978-65-5506-257-1 (impresso)
ISBN 978-65-5506-258-8 (eletrônico)

1. Psicanálise I. Título II. Souza Jr., Paulo Sérgio de III. Série.

21-1871   CDD 150.1952

Índice para catálogo sistemático:
1. Psicanálise

Apresentação da série pequena biblioteca invulgar

São muitos os escritos e autores excepcionais que, apesar de mencionados em obras amplamente divulgadas no Brasil, ainda não se encontram acessíveis aos leitores. Surgindo muitas vezes como referências em textos consagrados, é comum conhecermos pouco mais que seus nomes, títulos e esboços de ideias. A partir da psicanálise como eixo organizador, a **pequena biblioteca invulgar** coloca em circulação, para psicanalistas e estudiosos das humanidades em geral, autores e escritos como esses. A série abrange desde títulos pioneiros até trabalhos mais recentes que, por vezes ainda excêntricos ao nosso panorama editorial, ecoam em diversas áreas do saber e colocam em cena as relações do legado freudiano com outros campos que lhe são afeitos. Também abriga novas traduções de textos emblemáticos da teoria psicanalítica para o português brasileiro a fim de contribuir, ao seu modo, com a rede de referências fundamentais às reflexões que partem da psicanálise ou que, advindas de outras disciplinas, nela também encontram as suas reverberações.

Agradecimentos

A Susana Kampff Lages, Claudia Berliner, Luigi Barichello, Diego Amaral Penha e Hugo Lorenzetti Neto, pela leitura minuciosa.

A Yussif Tayjen, Anaïs Liebermann e Guido Liebermann, pelas valiosas informações a respeito das línguas árabe e hebraica.

A Fernando Klabin, pela antológica parceria nas empreitadas tradutórias em todos os seus formatos.

Paulo Sérgio de Souza Jr.

Conteúdo

Nota do tradutor   **11**

Psicologia do incômodo   **15**
Ernst Jentsch

O incômodo   **43**
Sigmund Freud

Referências bibliográficas   **115**

Das zonas do incômodo   **125**
Peter-André Alt

Índice onomástico   **151**
Índice remissivo   **155**

Nota do tradutor

CÔMODO s. m. (lat. *commŏdum*, conveniência, privilégio, recompensa, pl. *cômodos*) **1.** Utilidade, proveito: os rios navegáveis no interior das terras são de infinitos *c.* ao comércio interno; quem recebe os *c.* da herança tem os incômodos que os herdeiros se obrigam • Dar algo em *c.*, dispor um bem infungível para gozo, usufruto gratuito: "Quem aufere o *c.* suporta o incômodo" (Farias, Rosenvald e Netto), cf. COMODATO • Descanso; meio fácil de fazer alguma coisa, p. ex.: fazei isso, mas com todo o *c.* vosso • Agasalho, hospitalidade • (pl.) Os *c.* da vida, o bem-estar; tudo o que pode tornar a vida aprazível: "Comparar tudo isso com os *c.* e gasalhado do lar doméstico" (Herc., *Lendas* II, 328, ed. 1918) **2.** Emprego dos serviçais, acomodação: um cozinheiro, um copeiro que anda à procura de *c.* etc. **3.** Divisão de uma casa, quarto, aposento, compartimento. Os *c.* de uma casa, as acomodações, a sua boa divisão. Casa de *c.*, casa em que se alugam quartos, cortiço comum: "Não moro em casa de cômodo / Não é por ter medo não / Na cozinha muita gente / sempre dá em alteração" (J. da Bahiana) • (Alent.) Conjunto das herdades que constituem uma lavoura. • Cf. ainda o fem. CÔMODA: grande móvel de madeira, desenvolvido a partir da arca primitiva e guarnecido de gavetas, onde ordinariamente se guarda roupa branca: "Enchera de flores os dois vasos da China sobre a *c*." (Eça, *A cidad.*).

adj. (lat. *commŏdus*, conveniente, agradável, fem. *cômoda*) **1.** A) Que se presta convenientemente ao uso a que é destinado, que oferece facilidades: local *c.* para uma fábrica; "A vida prática sempre me pareceu o menos *c.* dos suicídios" (F. Pessoa). Próprio, favorável: chapéu *c.*; horas *c.* etc. Casa *c.*, que tem as comodidades para a habitação. Vida *c.*, vida agradável e tranquila • B) Apto, acomodado: "Pelas casas em que vivia, *c.* a esta maldade" (J. A. de Andrade) etc. • C) Pelo meio mais *c.*, isto é, fácil e sem trabalho • Preço *c.*, preço pouco elevado, módico, ao alcance de muitos • **2.** Homem *c.*, que busca a sua comodidade, transigente, indulgente, condescendente; cf. COMODISTA. Moral *c.*, relaxação. **3.** Abrigado, alojado, acoitado; adaptado, encaixado; guardado, acondicionado; aninhado, mantido escondido; cf. ACOMODAR.

Deriv. *in-*, s.m. (lat. *incommŏdum*, mau estado, desvantagem, prejuízo, desgraça, desventura) **1.** Aquilo que importuna, que causa indisposição, p. ex.: essa sala quente é um *in-c.* etc. • Dor leve ou ligeira indisposição física, mal-estar, sensação ruim: estava sentindo um ligeiro *in-c.* etc. • Descômodo, trabalho, p. ex.: sofrer os *in-c.* de uma jornada ou viagem, de uma prisão ou do mau tempo etc. **3.** (Coloq.) Fluxo menstrual, menstruação.

adj. (lat. *incommŏdus*, que está em mau estado, desvantajoso, contrário, adverso, impróprio, desagradável, molesto, importuno) **1. A)** Que incomoda, que dá trabalho: "A mala até que está leve, mas carregá-la é *in-c*." (C. Buarque, *Estorvo*) etc. • Que inquieta, assusta ou desnorteia: "O tema é *in-c*. e inquietante" (Novaes, "Os dramas da água..."). "Não tão perigoso, mas não menos *in-c*. e assustador"; "A obra é aterrorizante e *in-c*." (E. Lira, "Coringa..."); "[A separação de gêmeas siamesas] É um procedimento *in-c*. e assustador para crianças da idade delas" (R. Santos, "Simuladores...") • Que causa embaraço ou constrangimento: "Seria *in-c*. explicar que a mulher, para livrar-se do marido, incendiara o apartamento" (N. Piñon, *O calor*). • A presença *in-c*. de uma companhia sinistra, tenebrosa, maliciosa etc. "[Na Alquimia] O chumbo é pesado, sombrio e *in-c*. [...] carrega as qualidades da depressão, da melancolia e da limitação mortificante" (Edinger, *Anat. da Psique*) • Que estorva e é contrário, p. ex.: "Inverno *in-c*. à navegação" (Lucena); um tempo *in-c*. para a lavoura. Visita *in-c*., enfadonha. "[O apóstolo Paulo era] *in-c*. [...] com dimensões dissonantes em relação à ortodoxia nascente" (Pr. D. de Almeida) • Que não oferece comodidade, conforto, aconchego ou acomodação; desconfortável: "Será uma viagem precipitada, e muito *in-c*. para Bela" (J. Alencar, *O que é o cas.*) etc. • **B)** Que provoca sensação de mal-estar: "A jornada entrou a parecer-me enfadonha e extravagante, o frio *in-c*., a condução violenta, e o resultado impalpável" (M. de Assis, *Mem. póst.*) etc. • Fatigante, que abate: "Para fazer mais *in-c*. e molesto o seu ofício de homem de armas, bastava a malignidade e ardência do sol" (Lat. Coelho, *Camões*, c. 10, 176, ed. 1880) • **C)** Que não tem cabimento, é impróprio, inconveniente; que ocorre em ocasião inapropriada: o amante que chega numa hora *in-c*. **2.** Que não tem cômodos, p. ex.: casa *in-c*.

Psicologia do incômodo

Zur Psychologie des Unheimlichen (1906)

ERNST ANTON JENTSCH (1867-1919) foi um psiquiatra e ensaísta alemão. Fez sua formação em Medicina nas cidades de Breslávia, Friburgo, Catânia, Bonn e Wurtzburgo, e em Neurologia e Teoria da Degenerescência em Giessen, Turim e Zurique. Em 1902, redigiu um estudo sobre o humor intitulado "Die Laune: eine ärztlich-psychologische Studie" ["O humor: um estudo médico-psicológico"], volume que integrou a série *Grenzfragen des Nerven- und Seelenlebens* [*Questões fronteiriças das vidas nervosa e anímica*], para a qual Freud também havia contribuído, um ano antes, com a primeira versão de "Sobre o sonho". A certa altura desse ensaio (pp. 49-51), Jentsch aborda a noção de afeto nos *Estudos sobre a histeria* (Breuer & Freud, 1895). Também é de sua autoria, nessa mesma série, o ensaio "Musik und Nerven" ["A música e os nervos"], publicado em duas partes: "Naturgeschichte des Tonsinns" ["História natural do senso tonal"] (1904) e "Das musikalische Gefühl" ["O sentimento musical"] (1911) — na primeira, ele chega inclusive a investigar os efeitos do incômodo no universo da música (pp. 56-57). Ainda na mesma série, em 1913, publicou também o ensaio "Das Pathologische bei Otto Ludwig" ["O patológico em Otto Ludwig"], que, no ano seguinte, seria resenhado por Bruno Saaler para o volume 4(1-2) do *Zentralblatt für Psychoanalyse* [*Folha Central de Psicanálise*] — periódico fundado por Adler e Stekel, em 1910, tendo Freud como diretor —, em que seria descrito como um texto que "vale muito a pena ser lido". Em 1903, prefaciou uma obra do neurologista alemão Paul Julius Möbius intitulada *Beiträge zur Lehre von den Geschlechts-Unterschieden* [*Contribuições à doutrina das diferenças de gênero*] e, em 1907 — ano da morte desse médico, que Freud considerava um dos pais da psicoterapia —, Jentsch publicou o livreto *Zum Andenken an Paul Julius Möbius* [*Em memória de Paul Julius Möbius*]. Em 1914, foi responsável por uma investigação psicológica sobre um dos fundadores da termodinâmica: *Julius Robert Mayer: seine Krankheitsgeschichte und die Geschichte seiner Entdeckung* [*Julius Robert Mayer: o histórico de sua doença e a história de sua descoberta*]. Também tradutor, havia vertido para a língua alemã, em 1900, um texto do psiquiatra florentino Jacopo Finzi (em alemão: *Die normalen Schwankungen der Seelentätigkeiten* [*As oscilações normais das atividades anímicas*]); em 1907, *Studies in the Psychology of Sex* (*Psicologia do sexo,* na tradução brasileira de Porto-Carrero), de Havelock Ellis; e, em 1910, *Genio e degenerazione* [*Gênio e degeneração*], de Cesare Lombroso. Cumpre notar que "Die Laune", "Musik und Nerven" (parte 1) e "Das Pathologische bei Otto Ludwig" compunham o acervo da biblioteca particular de Freud; o mesmo vale para o livro de Möbius prefaciado por Jentsch e para as traduções por ele realizadas das referidas obras de Ellis e Finzi.

Psicologia do incômodo[1]

Primeira parte | 25 de agosto de 1906

1

É um reconhecido equívoco considerar que o espírito das línguas seja, sem mais nem menos, um psicólogo particularmente brilhante. Erros crassos e ingenuidades estupendas — arraigados, em parte, no acrítico frenesi dos observadores com os fenômenos e, em parte, no restrito material vocabular de uma língua específica — são com frequência muito desnecessariamente disseminados, ou ao menos fomentados, graças a ele. Não obstante, ainda assim toda língua oferece, geralmente em detalhe, na maneira como constrói as suas

---

[1] Texto publicado em dois números do volume 8 da *Psychiatrisch-Neurologische Wochenschrift* [*Semanário Psiquiátrico-Neurológico*]: a primeira parte, no n. 22 (25 de agosto de 1906, pp. 195-198); a segunda, no n. 23 (1º de setembro de 1906, pp. 203-205).

expressões e os seus conceitos, aquilo que é psicologicamente legítimo ou tão somente digno de nota. Numa análise psicológica, é sempre bom esclarecer a terminologia; frequentemente se aprende com isso, ainda que nem sempre se possa utilizar o resultado da investigação.

Assim, com a palavra *unheimlich* [incômodo] a nossa língua alemã parece ter produzido uma construção bastante oportuna. Por meio dela parece sem dúvida estar expresso que, se acontece algo de "incômodo" para alguém, é porque esse alguém não se sente "em casa", "acomodado", na referida situação; porque a questão lhe é — ou, ao menos, assim parece — estranha. Em resumo, a palavra quer sugerir que a impressão de incômodo com uma coisa ou ocorrência está atrelada a uma *falta de orientação*.

Não se há de tentar definir aqui a essência do incômodo. Um esclarecimento conceitual como esse seria de bem pouca valia, principalmente porque a mesma impressão não precisa exercer um efeito incômodo em todo mundo; ademais, também porque, num mesmo indivíduo, uma só e mesma percepção não tem obrigação alguma de assumir sempre — ou, ao menos, não sempre do mesmo modo — a forma do "incômodo". Não que se esteja alegando, com isso, que não seria possível dar uma definição útil do conceito de "incômodo", pois talvez se possa admitir que, para uma determinada faixa psicofisiológica, a constituição da impressão geradora do sentimento vá ser uniforme. No atual estado da psicologia individual, no entanto, dificilmente se pode esperar um avanço do conhecimento seguindo por esse caminho.

Por conseguinte, se alguém quiser se aproximar da essência do incômodo, mais vale, em vez de perguntar o que ele é, investigar como a excitação emocional do incômodo acontece psicologicamente; quais condições psíquicas precisam ser atendidas para que a sensação "incômoda" emerja. Se houvesse pessoas para as quais absolutamente nada fosse incômodo, tratar-se-iam de psiquismos que carecem totalmente dessas condições fundamentais. Entretanto, dado também que — à exceção desses casos extremos que possam ser cogitados — as opiniões a respeito do que pode ser descrito, num caso ou noutro, como surtindo um efeito incômodo ainda vão divergir muito, bem se faz em provisoriamente restringir ainda mais a problematização, levando em conta apenas aqueles processos psíquicos que, com alguma regularidade e generalidade suficiente, culminam empiricamente na impressão subjetiva do incômodo. Hoje em dia, acontecimentos típicos como esse podem ser isolados da observação da vida cotidiana com alguma precisão.

Examinando mais de perto a psicologia cotidiana nesse sentido, vê-se sem dificuldades que uma observação bastante justa e fácil de confirmar subjaz às imagens, consideradas no início, empregadas pela língua.

Reza a experiência que o que é tradicional, habitual e ancestral é amado e digno de confiança para a maioria das pessoas; e que elas recebem o novo e o inabitual com desconfiança, desconforto e até hostilidade (misoneísmo). Isso é, em grande parte, esclarecido pela dificuldade em estabelecer rápida e plenamente as conexões de ideias que o objeto se esforça por fazer com o campo representacional anterior do indivíduo — ou seja, o domínio do intelecto sobre a coisa nova. Com frequência, o cérebro receia subjugar as resistências que se opõem à associação do fenômeno em questão com o lugar que lhe é devido. Não nos surpreenderá, portanto, que o misoneísmo seja mais fraco quando essas resistências forem menores; quando, porventura, a atividade associativa nessa respectiva direção transcorrer de maneira particularmente imediata e vívida, ou então de algum modo particular: adolescência, inteligência elevada ou — como ocorre, por exemplo, na propensão histeroide — permanente aversão a julgar as coisas com temperança e a reagir de modo consequente.

Assim, o que é há tempos habitual parece não apenas bem-vindo, mas também, por mais maravilhoso e inexplicável que possa ser, facilmente autoevidente. Em circunstâncias habituais, ninguém no mundo é surpreendido quando vê o sol nascendo pela manhã, de tanto que esse espetáculo diário se infiltrou no processo representacional da pessoa ingênua desde a tenra infância como um corriqueiro costume que dispensa comentários. É somente quando se extrai deliberadamente tal problema (contra cujo enigma a atividade intelectual, em consequência do poder do hábito, sói permanecer embotada) da abordagem habitual — quando se recorda então, no exemplo mencionado, que o nascer do sol não depende de seu movimento, mas do movimento da Terra; e que, para os terráqueos, a direção absoluta no espaço é muito mais irrelevante do que a direção em relação ao centro da Terra etc. —,[2] que,

---

[2] Em termos de concepção do Universo, Jentsch pontua aqui a passagem de Aris-

por vezes, um singular sentimento de insegurança aparece. Um sentimento que, não raro, apresenta-se por si só nos fenômenos cotidianos aos mais intelectualmente exigentes, e que pode muito bem figurar como um importante fator na gênese do ímpeto científico e das pulsões investigativas.[3]

---

tóteles a Copérnico: "O Universo aristotélico era centralizado. Tinha um centro de gravidade, um núcleo sólido, ao qual se referiam todos os movimentos. Tudo o que tinha peso caía em direção ao centro; tudo o que era flutuante, como o fogo e o ar, dele tentava afastar-se. Já os astros — nem pesados, nem flutuantes, e de natureza inteiramente diversa — moviam-se em círculos em torno dele. Os pormenores do esquema podiam estar certos ou errados, mas o esquema era simples, plausível e tranquilizadoramente ordenado. O Universo copernicano não somente *expande* ao infinito, como também, ao mesmo tempo, é *descentralizado*, desconcertante, anárquico. Ele não tem um centro natural de orientação ao qual tudo o mais se possa referir. As direções 'para cima e para baixo' já não são absolutas, tampouco o são o peso e a flutuabilidade. O 'peso' de uma pedra significava, antes, a sua tendência a cair em direção ao centro da Terra: era esse o significado de 'gravidade'. Agora, o Sol e a Lua tornam-se centros de gravidade por conta própria. Não há mais qualquer direção absoluta no espaço. O Universo perdeu o núcleo. Ele não tem mais um coração, tem milhares". Koestler, A. (1959/1961). *Os sonâmbulos: história das concepções do homem sobre o universo* (A. Denis, trad.). São Paulo: Ibrasa, p. 146; trad. modificada [N.T.].

3 Sabe-se que o pico da curva de utilização do termo *unheimlich* — que, de praticamente zero, começa a crescer no final do século XVIII — ocorre na década de 1900, isto é, justamente no período em que o autor escreve este ensaio. A frequência do termo naquela época (21,34) era sensivelmente maior do que a de mais de cem anos depois, na década de 2010 (13,55). A título de comparação, o adjetivo *unbewusst* [inconsciente], tão caro à psicanálise, apresentava uma frequência de 23,72 no mesmo período em que Jentsch redige este texto. Dito isso, nota-se que o expediente utilizado por ele para desdobrar o termo *unheimlich* e dele tirar consequências teóricas é exatamente o mesmo exemplificado aqui no que diz respeito ao movimento dos corpos celestes, a saber: extrai-se algo ordinário (uma palavra relativamente comum, que não levanta suspeitas nem chama particular atenção) de sua abordagem habitual, abrindo alas para um "singular sentimento

Logo, é compreensível que à vinculação "antigo-conhecido-familiar" corresponda o correlato "novo-estranho-hostil". No segundo caso, o aparecimento de sensações de insegurança é absolutamente natural — e a falta de orientação poderá facilmente acolher, então, o matiz do incômodo —; no primeiro, por sua vez, essa falta fica tanto tempo escamoteada que a permutação "conhecido-autoevidente" não adentra a consciência do indivíduo.

Independentemente da falta de orientação que se origina da ignorância do ser humano primitivo — uma ignorância que lhe é, em circunstâncias habituais, em grande parte velada pelo cotidiano —, algumas moções de sentimentos de insegurança psíquica[4] originam-se com particular facilidade quando a ignorância é muito conspícua ou quando a percepção subjetiva da oscilação é anormalmente forte. O primeiro caso é facilmente observado em crianças: a criança tem tão pouca experiência que, para ela, coisas simples podem ser inexplicáveis, e situações só um pouco complexas, obscuros segredos. Essa é uma das mais importantes razões pelas quais a criança é geralmente tão medrosa e demonstra tão pouca

---

de insegurança", como diz o autor. Não por acaso ele iniciaria o texto afirmando que "toda língua oferece, geralmente em detalhe, na maneira como constrói as suas expressões e os seus conceitos, aquilo que é psicologicamente legítimo ou tão somente digno de nota", isto é, no limite, que na própria língua há algo que fala. Cf. "unheimlich" e "unbewusst", Wortverlaufskurve, *DWDS — Digitales Wörterbuch der deutschen Sprache*. Berlin-Brandenburgische Akademie der Wissenschaften, recuperado de www.dwds.de/r/plot [N.T.].

4 Alterada, essa expressão será retomada por Freud em seu argumento crítico. Cf. p. 50, n. 3 [N.T.].

autoconfiança. Sói acontecer, por outro lado, de justo as espertas serem as mais medrosas, pois elas têm mais clareza quanto às fronteiras das suas próprias capacidades de orientação do que as limitadas; isso muito embora — como cumpre, no entanto, acrescentar —, tendo adquirido certo domínio intelectual sobre um determinado campo, elas possam se tornar particularmente insolentes e atrevidas.

Certo discernimento no que concerne à avaliação da própria capacidade do espírito para julgar uma situação costuma estar presente em pessoas sãs, contanto que fortes paixões ou fatores psiquicamente danosos (como substâncias narcóticas, esgotamento etc.) não estejam envolvidos. Ele pode ser reduzido à medida que uma excessiva atividade associativa — e também, por exemplo, um pendor inabitualmente forte para a reflexividade — não permita que se conclua um ajuizamento no momento certo; mas também, em particular, devido a uma imaginação fantasiosa dada a alçar grandes voos, em consequência da qual a realidade se vá mesclar — ora mais, ora menos conscientemente — com os próprios acréscimos do cérebro apercipiente.[5] Daí, por óbvio, igualmente se há de

---

5 Ao longo do século XIX, nos âmbitos da psicologia e da pedagogia, a noção de *apercepção* foi utilizada para esclarecer o fenômeno do aprendizado e para identificar as condições psicológicas que o possibilitam. Segundo Johann F. Herbart (1776-1841), o que nela está em jogo é a relação entre diferentes massas de representação, relação que faz com que uma massa representativa (*apercipiente*) aproprie-se de outra da mesma forma que as novas percepções do sentido externo são recebidas e elaboradas por representações homogêneas anteriores (*aperceptivas*). Wilhelm Wundt (1832-1920) insistiu no caráter ativo da apercepção como o ato por meio do qual um conteúdo psíquico é levado à compreensão mais clara,

incorrer em erro tanto no que se refere à observação das coisas quanto a uma propositada intervenção no meio.

Não é necessário, em absoluto, que os processos em questão estejam muito claramente articulados para que a bem caracterizada sensação de insegurança psíquica seja evocada. O fato é que, mesmo quando sabem justamente que estão sendo ludibriadas por simples quimeras inofensivas, muitas pessoas não conseguem reprimir um sentimento de mal-estar extremo quando se lhes impõe uma situação equivalente. As crianças, vestindo-se e gesticulando de modo grotesco ao brincar, esforçam-se abertamente para evocar fortes comoções umas nas outras. E entre os adultos há aqueles que, de natureza sensível, não gostam de participar de bailes de máscaras, pois rebuços e socapas neles produzem, no mais alto grau, uma penosa impressão com a qual não são capazes de se habituar. Essa sensibilidade anormal é, não raro, um efeito colateral de uma propensão de caráter geralmente nervoso. Assim, em última análise, não deve fazer grande diferença se a acessibilidade afetiva de determinada classe de influências — perturbadoras em menor grau e que não costumam atingir por demasiado as pessoas sãs — é posta na conta de um desdobramento particularmente intenso e veloz da potencial cadeia de consequências do referido fenômeno ou, em termos mais

---

chegando inclusive a falar em uma "psicologia da apercepção" — contraposta à psicologia dominante, associacionista, precisamente pelo maior destaque dado à atividade diretiva e ordenadora da apercepção. Cf. Abbagnano, N. (2007). *Dicionário de filosofia* (5a ed., A. Bosi; I. Benedetti, trad.). São Paulo: Martins Fontes, p. 72 [N.T.].

causais, apresenta-se como uma combinação excessiva de bases genésicas inquietantes mais ou menos apropriadas para o surgimento das imagens suscitadoras de afeto. De todo modo, por meio de uma disposição anômala ou tão somente de um fundo psíquico gerado em terreno anômalo — como sonolência, situações anestésicas de todo tipo, diversas formas de depressão e de efeitos tardios das mais variadas experiências aterradoras, medos, esgotamentos severos ou doenças generalizadas —, cria-se uma disposição mais forte para o surgimento desse tipo de sensações de insegurança com relação a determinadas circunstâncias do mundo externo. A falência de uma função sensorial importante também pode aumentar em muito esses sentimentos nas pessoas. Assim, durante a noite — que, reconhecidamente, não é amiga de ninguém —, há muito mais covardes que à luz do dia; e muita gente sente-se bastante aliviada ao deixar uma sala de máquinas ou uma oficina muito barulhentas, onde não se consegue ouvir sequer as próprias palavras.

Todo esse conjunto de estados de insegurança psíquica, por vezes já codeterminado por condições anormais, pode apresentar semelhanças ou cruzamentos com a desorientação geral que se manifesta nas enfermidades psíquicas.

O posicionamento afetivo do indivíduo animicamente pouco desenvolvido, animicamente delicado ou animicamente baralhado diante de muitas ocorrências habituais da vida diária comporta-se de modo similar ao matiz afetivo que a percepção do extraordinário ou do inexplicável sói evocar no ser humano primitivo normal. Data daí a singular demonstração de receio em relação a pessoas inabituais, que pensam diferentemente, sentem diferentemente e agem diferentemente da maioria; em relação a processos que escapam ao esclarecimento preliminar ou cujas condições genésicas não são conhecidas. Não são apenas as crianças que assistem ao habilidoso prestidigitador — ou como quer que ele se chame hoje em dia — com certo sentimento de aflição. De fato, quanto mais claramente salta aos olhos o valor cultural de um processo enigmático, mais fortemente, sem dúvida, a sensação provocada aproxima-se do agradável e ledo sentimento de admiração. O surgimento dessa moção sempre pressupõe o reconhecimento, pelo indivíduo, de um determinado grau superior de pertinência do fenômeno em questão. Assim, a magnífica técnica de um virtuose ou cirurgião é pura e simplesmente admirada, ao passo que um "artista" que deixa enormes pedras serem esmigalhadas sobre a sua cabeça, engole tijolo e gasolina — ou mesmo um faquir, que se deixa enterrar ou emparedar —, não conquista verdadeira admiração da maioria, deixando uma impressão outra. Mas, de quando em vez, uma vaga nuance do efeito incômodo também aparece na admiração genuína, explicando-se psicologicamente pela perplexidade com as condições genésicas da referida competência, razão pela qual ela costuma faltar até mesmo àqueles com conhecimento especializado na respectiva área.

2

Entre todas as inseguranças psíquicas que podem ser causa do sentimento de incômodo há muito particularmente uma que é capaz de produzir um efeito bastante regular, vigoroso e deveras generalizado, a saber: a dúvida quanto a se um ser aparentemente vivo seria animado, ou não; e, vice-versa, a respeito de um objeto inanimado ser, porventura, animado — e isso até mesmo quando, na consciência, essa dúvida só se fizer perceptível de modo indistinto. A tonalidade emocional[6] perdura até essa dúvida ser sanada e, então, muito habitualmente dá lugar a outra qualidade de sentimento.

Por vezes se pode ler, em antigos relatos de viagem, que numa mata virgem alguém sentou-se num tronco de árvore e que esse tronco, subitamente, para o horror do viajante, começou a se mover, revelando-se como uma descomunal serpente. Caso se aceite a possibilidade de uma tal situação, ela decerto será um bom exemplo para ilustrar a conexão indicada anteriormente. A massa que, a princípio, parecia completamente inanimada, de súbito denuncia com seu movimento uma energia que lhe é inerente, e que pode ser de origem psíquica ou mecânica. Enquanto persistir a dúvida acerca da natureza do movimento percebido — e, com ela, a falta de clareza a respeito de sua causa —, subsistirá na pessoa envolvida um sentimento de horror. Se, por meio da sistematicidade do movimento, a sua fonte revela-se um corpo orgânico, a situação é

---

6 Robert von Zimmermann (1824-1898) entendia a tonalidade da sensação como a "forma mais simples" dos sentimentos. Wilhelm Wundt (1832-1920), alguns anos mais tarde, afirmou que "o sentimento associado a uma sensação simples costuma ser descrito como *sentimento sensorial* ou também *tonalidade emocional da sensação*". Cf. Ziemmermann, R. (1860). *Philosophische Propaedeutik* (2a ed.). Wien: W. Braumüller, p. 324; Wundt, W. (1896/1897). *Grundriss der Psychologie* (2a ed.). Leipzig: W. Engelmann, p. 88 [N.T.].

então explicada, surgindo subsequentemente o sentimento de preocupação com a integridade pessoal — o que, no entanto, sem dúvida pressupõe, a despeito de toda e qualquer intensidade, uma espécie de controle intelectual sobre a situação.

A mesma comoção sobrevém quando, inversamente, como já descrito, um selvagem encontra-se face a face pela primeira vez, e ainda mais à noite, com uma locomotiva ou um barco a vapor, por exemplo. O apuro aqui será muito grande, pois — como consequência do enigmático movimento próprio e dos ruídos regulares da máquina, que lembram a respiração — o descomunal aparelho poderá facilmente impressionar, feito uma massa viva, o completo ignorante. A propósito, algo totalmente relacionado a isso acontece quando ruídos conspícuos ou intrigantes são atribuídos, por ânimos medrosos ou infantis, como é de se observar com frequência, à capacidade vocal de um ser misterioso. Em *Robinson*,[7] o episódio no qual Sexta-Feira, que ainda não sabe que a água entra em ebulição, enfia a mão n'água fervente para retirar o animal que ali parece estar também se baseia em uma inspiração literária muito pertinente em termos psicológicos. De igual maneira, o receio

---

7 Em 1720, um ano depois da publicação do original inglês de *Robinson Crusoé* por Daniel Defoe (1660-1731), foi editada a primeira tradução alemã da obra, que logo se tornou popular entre os germanófonos. Nos anos seguintes, foram sendo publicadas muitas variações e adaptações do texto original, uma delas escrita pelo lexicógrafo e pedagogo Joachim H. Campe (1746-1818). É no *Robinson* de Campe — um dos livros infantis em língua alemã que mais tiveram sucesso, com várias reimpressões e edições até meados do século XX — que consta o episódio a que Jentsch se refere. Cf. Campe, J. H. (1780). Siebzehnter Abend. In *Robinson der Jüngere* (Vol. 2, pp. 94-115). Hamburg: Verfasser/Bohn [N.T.].

de muitos animais pode dimanar do fato de que, para eles, o objeto de seu terror parece estar vivo (princípio do espantalho); e neste caso específico, a referida impressão exterioriza um efeito particularmente barroco, pois a atividade associativa, que habitualmente medeia a transição para outro fundo emocional, é aqui muito reduzida. É por isso que, em animais de tração e carga, lida-se com sucesso com essa "iniquidade", entre outras formas, apresentando ou estendendo-lhes o objeto suspeito para que possam vê-lo ou cheirá-lo, de modo que seja feito pelo animal um tipo de classificação intelectual do objeto suscitador de afeto; e, ao mesmo tempo, de modo que esse objeto seja transformado em algo conhecido — algo que, como mencionado antes, deixa de simplesmente ter um caráter de terror. Portanto, se uns anos atrás, por ocasião de um grande desfile, alguns dos elefantes domesticados que estavam participando viram-se diante do dragão Fáfnir cuspindo fogo e labaredas, saíram em disparada e criaram uma grande confusão, isso não é exatamente de admirar, já que eles não haviam lido a trilogia.[8]

É bem conhecida a desagradável impressão que facilmente se produz em muitas pessoas ao visitarem museus de

---

[8] Fáfnir, na mitologia nórdica, é o nome do dragão abatido por Sigurd (Siegfried, na versão germânica). A passagem é narrada tanto na tradição islandesa, a *Saga dos Volsungos*, quanto na germânica, a *Canção dos Nibelungos* — que se apresenta, na maioria das vezes, organizada em trilogias. A trama popularizou-se sobretudo por meio da ópera de Richard Wagner (1813-1883), *O anel do Nibelungo*, que teve a sua primeira apresentação no ano de 1876. Cf., entre outros, Hebbel, F. (1862). *Die Nibelungen: ein deutsches Trauerspiel in drei Abteilungen*. Hamburg: Hoffmann und Campe [N.T.].

cera, panópticos e panoramas.⁹ Com frequência, na penumbra, é especialmente difícil diferenciar um boneco de cera, ou similares em tamanho natural, de uma pessoa. Para muitos ânimos sensíveis, um boneco desses é capaz de mantê-los em desaconchego mesmo após o indivíduo já se ter decidido a respeito do fato de ele ter, ou não, vida própria. Trata-se aqui, provavelmente, de secundárias dúvidas semiconscientes que serão, repetida e automaticamente, despertadas a cada nova contemplação e a cada percepção de detalhes mais sutis; ou, quiçá, de apenas uma mera reverberação vívida da lembrança da primeira impressão penosa. O fato de esses bonecos de cera muitas vezes apresentarem detalhes anatômicos pode contri-

---

9 Os panoramas, que se tornariam um dos mais populares entretenimentos de massa durante o século XIX, "eram pinturas gigantescas que formavam vistas em 360 graus, desenvolvidas e patenteadas por Robert Barker, um pintor de retratos irlandês, em 17 de junho de 1787. Seu objetivo era criar, a partir de um determinado ponto, uma vista em horizonte circular, e com tamanha fidelidade que fosse impossível distinguir a pintura daquilo que ela representava". Tratava-se de "uma pintura que devia ser vista dentro de uma construção circular feita especialmente para sua exposição. Uma vez que se chegava à rotunda, depois de passar pela porta de entrada, tendo pagado o ingresso, caminhava-se primeiro por um corredor que estava completamente escuro, sem conhecer o destino. Assomava então o temor do desconhecido. O espectador era arrancado de seu contexto espaço-temporal imediato [...] É preciso lembrar que, às vezes, o espaço para o qual se viajava era, em certo sentido, o mesmo que se deixava pra trás ao entrar na rotunda — foi assim na primeira vez que se anunciou um panorama: os cidadãos de Londres puderam visitar Londres (e Westminster). Qual era então a novidade? Ver o mesmo como se fosse diferente, outro". Cf. respectivamente: Hermann, C. (2020, mai.--ago.). Palavra-experiência e os panoramas oitocentistas britânicos. *LaborHistórico*, 6(2), 169; Brizuela, N. (2011) Ver tudo, ver todo: um percurso pelo panorama. In *Panoramas: A paisagem brasileira no acervo do Instituto Moreira Salles* (pp. 195-196). Rio de Janeiro, IMS / São Paulo, FAAP [N.T.].

buir para o aumento do impacto emocional, mas isso definitivamente não é o mais importante: uma peça anatômica real de modo algum precisa ser tão repulsiva ao olhar quanto o modelo em cera correspondente. A propósito, é interessante ver nesse exemplo como a arte genuína, em sábia moderação, evita a imitação completa e absoluta da natureza e dos seres vivos, bem sabendo poder facilmente gerar desconforto com algo assim. A existência de esculturas policromadas em madeira e pedra não altera esse fato; nem a possibilidade, no caso de ser esse o tipo de representação escolhido, de se precaver em alguma medida contra tais reações adversas desagradáveis. De resto, na arte genuína também se pode tentar gerar incômodo; sempre, porém, com técnicas e intuito artísticos.

(a concluir)

Segunda parte | 1º de setembro de 1906

(conclusão)

Esse efeito peculiar aflora com clareza ainda maior quando as réplicas da forma humana não só chegam à percepção, mas, além disso, aparecem unidas a certas funções corporais ou anímicas. É assim com a impressão, tão penosa para muitos, facilmente evocada pelos bonecos automatizados. Deve-se aqui, uma vez mais, desconsiderar aqueles casos em que os objetos são muito pequenos ou, como consequência do uso diário, muito conhecidos. Uma boneca que fecha e abre os olhos sozinha — um pequeno brinquedo automatizado — não causará qualquer sensação desse tipo que seja digna de nota; em contrapartida, por exemplo, os autômatos em tamanho real que executam tarefas complexas (tocam trombetas, dançam etc.) proporcionam muito facilmente um sentimento de mal-estar. Quanto mais sutil o mecanismo e quanto mais realista a reprodução formal, mais fortemente esse efeito específico aflorará. Esse fato foi repetidamente utilizado na literatura para evocar, no leitor, a gênese da tonalidade emocional do incômodo. A fruição de uma obra literária, de uma peça de teatro etc. reside sobretudo no fato de que todas as excitações emocionais a que estão sujeitos os personagens da peça, do romance, de uma balada etc. sejam compartilhadas pelo leitor ou pelos espectadores. Na vida real, não gostamos de ser expostos a grandes abalos nos ânimos; no teatro ou durante a leitura, entretanto, é de bom grado que nos deixamos influenciar dessa maneira: experimentamos, assim, algumas excitações vigorosas, que despertam em nós um forte sentimento de estar vivo, sem que tenhamos de arcar com as consequências das causas dessas desagradáveis tonalidades emocionais — se é que elas sequer teriam oportunidade de aparecer de forma equivalente por si sós. Com frequência, a sensação dessas excitações parece estar, em termos fisiológicos, diretamente ligada à fruição artística. Por mais curioso que isso soe, talvez sejam muito poucos os afetos que, em si, são invariavelmente desprazerosos em toda e qualquer circunstância. Pelo menos, a arte consegue tornar a maioria das comoções, em certo sentido, desfrutável para nós. Com frequência observamos que as crianças exibem certa preferência por histórias de fantasmas. O calafrio[10] é um prurido que, com precaução e conhecimento de causa, pode ser bem empregado para aumentar os impactos afetivos em geral — algo que a arte literária, por exemplo, tem como tarefa. Um dos artifícios mais certeiros para facilmente evocar efeitos incômodos por meio de narrativas baseia-se, no que se refere a um determinado personagem, em deixar o leitor na incerteza quanto a ter diante de si uma pessoa ou, porventura, um autômato. Porém, isso é feito de forma que a insegurança não apareça, candente, no foco de sua atenção, de modo que ele não seja induzido a investigar e aclarar a questão de imediato — pois ao fazê-lo, como dissemos, aquele impacto emocional específico facilmente se esvai. Em suas peças fantásticas, E. T. A. Hoffmann repetidas vezes fez uso dessa manobra psicológica com sucesso. Estimulado por esse tipo de apresentação, o sombrio sentimento de insegurança quanto à natureza psíquica do personagem literário correspondente assemelha-se, em seu conjunto, ao irresoluto suspense criado por qualquer situação incômoda; porém, por meio da virtuosística manipulação do autor, ele serve aos propósitos da investigação artística.

---

10 Jentsch utiliza aqui o termo latino *Horror*, que, para além de algo que provoca arrepios e frio na espinha, era utilizado no jargão médico para denotar os tremores e calafrios causados pela febre. Em língua alemã, esse sentido entra para o uso corrente na segunda metade do século XVIII, conservando-se ainda no século seguinte — quando, no entanto, o termo começa a ficar mais marcado pela ideia de terror e aversão. Cf. "Horror", *DWDS — Digitales Wörterbuch der deutschen Sprache*. Berlin-Brandenburgische Akademie der Wissenschaften, recuperado de www.dwds.de/wb/Horror [N.T.].

Inversamente, o efeito do incômodo pode ser facilmente obtido quando alguém, de uma forma poética ou fantástica, empreende, em especial de modo antropomórfico, a ressignificação de algo inanimado como parte de uma criatura orgânica. Assim, no escuro, uma viga coberta de pregos torna-se a mandíbula de um animal fabuloso; um lago solitário torna-se o olho gigantesco de um ogro; o contorno de uma nuvem ou sombra torna-se um semblante satânico ameaçador. A imaginação fantasiosa — ela, de fato, sempre um poeta — é por vezes capaz de conjurar, nos fenômenos mais inócuos e indiferentes, as mais detalhadas imagens aterradoras; e isso acontecerá mais substancialmente quanto mais frágil for a crítica de que se dispõe e quanto mais afetivamente matizado estiver o fundo psíquico naquele momento. É por isso que mulheres, crianças e exaltados[11] também estão particularmente sujeitos às moções do incômodo e ao risco de ver espíritos e fantasmas.

Essa possibilidade estará particularmente próxima se, uma vez mais, o que estiver em questão for a réplica de um ente orgânico. O limite entre o patológico e o normal será extrapolado aqui com particular facilidade. Para o delirante, o embriagado, o extasiado ou o supersticioso, um capitel de coluna, a efígie de uma pintura etc. ganham vida *per hallucinationem*[12] — dirigem-se a ele, com ele conversam, dele caçoam,

---

11 Sobre o universo da exaltação e sua longa tradição no debate filosófico e religioso de língua alemã, cf. Vieira, V. (2018, dez.). Exaltação. *Estudos Kantianos*, 6(2), 87-96 [N.T.].

12 Do latim, "via alucinação" [N.T.].

exibindo traços que lhe são conhecidos. Esses expedientes para produzir efeitos incômodos também são frequentemente empregados por escritores e contadores de histórias. Um truque muito apreciado, e bastante banal, é servir ao leitor o que há de mais arrepiante e, ao final, em três linhas, revelar que tudo o que aconteceu era conteúdo de uma formação onírica confusa — e ele é apreciado porque, nesse caso, é possível levar muito longe, e impunemente, o jogo com o desamparo psíquico do leitor.

Outro fator importante na gênese do incômodo é a natural inclinação do ser humano para inferir, numa espécie de analogia ingênua com o fato de ele mesmo possuir vida própria, que isso também vale para as coisas do mundo externo — ou, melhor dizendo, que estas também possuem vida própria exatamente como ele. Essa compulsão psíquica será tanto mais irresistível quanto mais primitivo for o nível de desenvolvimento intelectual do indivíduo. O homem em seu estado natural povoa o entorno com demônios; crianças pequenas falam, com toda a seriedade, com uma cadeira, uma colher, um trapo velho etc., e avançam furiosamente contra coisas inanimadas a fim de puni-las. Mesmo na Grécia altamente cultivada, em cada árvore ainda morava uma dríade.[13] Portanto, se aquilo da própria natureza da pessoa — que ela mesma, semiconscientemente, inseriu nas coisas — começa, por sua vez, a aterrorizá-la, não é de admirar que ela nem sem-

---

13 Ninfas dos bosques, as dríades eram associadas às árvores, mais especialmente ao carvalho: δρῦς (*drys*) [N.T.].

pre seja capaz de esconjurar de sua cabeça os espíritos que ela mesma fabricou. Essa impotência, portanto, gera facilmente a impressão de estar sendo ameaçado por algo desconhecido, algo incompreensível, tão enigmático para o indivíduo quanto habitualmente o é o seu próprio psiquismo. Enquanto imperarem orientação suficiente em relação aos processos psíquicos e segurança o bastante em seu ajuizamento fora do indivíduo, os estados descritos — leia-se, naturalmente, em condições psicofisiológicas normais — nunca poderão surgir.

Outra confirmação de que a dúvida quanto ao fato de as coisas serem animadas ou inanimadas — ou, exprimindo mais claramente, quanto ao fato de elas serem animadas da forma como compreendido pela intuição tradicional do ser humano — é a culpada pela referida comoção reside no efeito que a visão das manifestações da maioria das doenças do espírito e de muitas doenças dos nervos costuma ter no público leigo. Pacientes acometidos por tais males causam uma impressão definitivamente incômoda na maioria das pessoas.

O que sempre poderemos supor, tendo em vista nossas experiências da vida ordinária com nossos semelhantes, é a relativa harmonia psíquica na qual costumam permanecer suas funções anímicas umas em relação às outras — ainda que, eventualmente, oscilações mínimas desse equilíbrio aflorem para quase todos —; um comportamento que, por sua vez, fundamenta a individualidade do ser humano e fornece as bases para o nosso julgamento a esse respeito. A maioria das pessoas geralmente não apresenta singularidades psíquicas muito significativas. É mais provável que isso se manifeste quando afetos vigorosos se dão a ver, por meio do que subitamente se evidencia que no psiquismo humano nem tudo é de origem transcendente; que ali muito de elementar ainda está acessível, mesmo à nossa percepção direta. E decerto hoje em dia, justo em ocasiões como essas, é particularmente pela psicologia normal que, ainda amiúde, muito costuma ser motivado.

Agora, se, para quem vê de fora, essa relativa harmonia do psiquismo estiver significativamente perturbada, e se a situação subsequente à pequenez da ocorrência não parecer anódina ou cômica — ou se, porventura, ela não for bem conhecida (como, por exemplo, uma intoxicação alcoólica) —, alvorece então, no observador não escolado, o sombrio reconhecimento de que ocorrem processos mecânicos naquilo que ele estava habituado a considerar um psiquismo uniforme. Não foi sem direito, pois, que se falou da epilepsia como o *morbus sacer*,[14] como uma doença oriunda não do mundo humano, mas de esferas enigmáticas e estranhas, visto que o ataque espasmódico epilético revela ao espectador o corpo humano — que, em condições normais, é tão engenhoso, propositado, uniforme, e cujo funcionamento é presidido por sua consciência — como um mecanismo imensamente complexo e sutil. Essa é uma importante razão pela qual o ataque epilético é capaz de evocar no entorno uma impressão tão demoníaca, ao passo que o ataque espasmódico histérico, em condições habituais, sói estranhar apenas em pequena medida, dado que os doen-

---

14 Do latim, "mal sagrado". Cf. Fernandes, M. (1926). *O mal sagrado* (Tese de doutorado). Faculdade de Medicina do Porto, Porto. Recuperado de hdl.handle.net/10216/17621 [N.T.].

tes habitualmente conservam a consciência — eles caem e colidem sem se ferir ou ferindo-se apenas de leve, revelando, com isso, precisamente a sua consciência latente —; e dado que, por vezes, o tipo de movimento torna a lembrar dissimulados processos psíquicos — na medida em que as agitações musculares seguem um determinado princípio hierarquicamente superior de ordenação, que se relaciona com o fato de a sua doença de base depender de processos representacionais; logo, uma vez mais, psíquicos.

Para o especialista, a comoção correspondente será bastante moderada ou estará ausente por completo, visto que os processos mecânicos da mente humana já não lhe são mais nenhuma novidade; e visto que — embora, em casos particulares, ele esteja sujeito a cometer inúmeros erros em relação à sequência dos fatos — ele ao menos sabe que tais processos existem e deles encontra vestígios em outros lugares, de forma que o seu aparecimento não tem mais o poder de afetá-lo de modo considerável. Naturalmente, as situações mencionadas também perdem facilmente o seu impacto afetivo se alguém, por outro lado, está habituado ou habituou-se a tais ocorrências, como o enfermeiro e — até onde se pode falar a respeito — o próprio doente.

O efeito incômodo evocado na maioria das pessoas pelo vislumbre do sistema delirante de um doente também se baseia, sem dúvida, no fato de que ocorre à pessoa uma ideia mais ou menos clara da existência de certa compulsão à associação (mecanismo) que, em contradição com a visão habitual da liberdade psíquica, começa a minar — precipitada e desajeitadamente — a convicção quanto ao fato de o indivíduo ter vida própria. Uma vez alcançada clareza a respeito das circunstâncias relevantes, desaparece o caráter especial daquele estado de ânimo singular, cuja raiz deve ser inteiramente procurada na atual desorientação das pessoas em relação ao psicológico.

O horror que causam o corpo morto — o humano, em particular —, crânios, esqueletos e coisas semelhantes pode ser compreendido, em grande medida, também pelo fato de o pensamento a respeito de um estado de animação latente sempre se encontrar bastante próximo dessas coisas. Muitas vezes esse pensamento pode se impor a ponto de ser capaz de desmentir os olhos, fazendo com que as precondições para o conflito psíquico descrito estejam novamente dadas. É sabido que, nos profissionais que exercem profissões específicas, continuamente expostos a impressões análogas, essas moções costumam — ora mais, ora menos — desvanecer. Um papel muito significativo nesse desaparecimento do afeto penoso é desempenhado, para além da força do hábito, pela elaboração associativa que ocorre na maior parte desses casos. O fato de ela ter, ou não, acontecido de modo objetivo pouco importa, desde que o seu resultado tenha sido aceito pelo indivíduo. Intelectualmente, por exemplo, o supersticioso também controla, ao seu modo, uma grande parte de seu campo representacional, e ele também tem as suas dúvidas e certezas — que o conjunto de seu julgamento esteja incorreto não altera em nada esse fato psicológico.

É forte o desejo humano pelo domínio intelectual do ambiente. A segurança intelectual concede refúgio psíquico na luta pela vida.[15] Como quer que se tenha constituído, ela denota uma posição defensiva contra a investida de forças hostis, e a sua ausência equivale à falta de guarida nos episódios dessa guerra — infindável, para o mundo humano e orgânico — para a qual os mais fortes e inexpugnáveis baluartes foram erigidos pela ciência.

---

15 Desde a primeira edição alemã, vertida em 1860 pelo geólogo e paleontólogo Heinrich G. Bronn (1800-1862), a expressão *Kampf ums Dasein* [luta pela vida] é utilizada para traduzir *struggle for life*, que compõe o subtítulo do livro de Charles Darwin (1809-1882) publicado no ano anterior: *On the Origin of Species by Means of Natural Selection, or the Preservation of Favoured Races in the Struggle for Life.* Cf. Darwin, C. (1859/2018). *A origem das espécies por meio de seleção natural ou A preservação das raças favorecidas na luta pela vida* (P. P. Pimenta, trad.). São Paulo: Ubu [N.T.].

O incômodo

Das Unheimliche (1919)

SIGMUND FREUD (1856-1939), ainda com 62 anos de idade, começou a compor este ensaio no começo de 1919, logo após a Primeira Guerra Mundial, que havia sido deflagrada em 1914 e terminado havia poucos meses, no ano anterior. Num ambiente marcado pela intensa reconfiguração política e geográfica, em 17 de março, ele escreveu a Sándor Ferenczi dizendo que, mesmo não sendo patriota, não deixava de ser torturante pensar que, agora, praticamente o mundo todo lhe era estrangeiro; aliás, devido à dissolução do Império e à criação da República Húngara, o próprio Ferenczi já se encontrava noutro país. Como boa parte dos habitantes de Viena, Freud também estava sofrendo as agruras do colapso da economia austríaca, uma vez que a alta inflação desvalorizara sobremaneira a moeda local — e, evidentemente, reduzira a nada os montantes poupados por aqueles que atravessaram os anos de conflito. Com isso, vendo-se forçado a receber a maior quantidade possível de casos, também deu preferência aos estrangeiros, pois vinham munidos de moedas fortes.

Nesse período, Freud atendia mais em língua inglesa do que em alemão, com a agenda abarrotada de analisantes do Leste Europeu e dos Estados Unidos da América — muitos deles desejosos da formação analítica no divã do inventor da disciplina à qual se dedicavam. Foi nesse período, também, entre meados de março e abril, que ele redigiu o primeiro manuscrito de *Além do princípio de prazer*, contemporâneo à publicação da quinta edição de *A interpretação dos sonhos*. Com o trânsito não mais impedido pela guerra, Freud viajou em 15 de julho para fugir do verão e desfrutar das águas curativas da Villa Wassing, na região da estância termal alpina de Bad Gastein: a primeira viagem em cinco anos. Já em 9 de setembro, o destino foi Hamburgo, onde ficou até o dia 24 para visitar Sophie — o seu último encontro com a filha, que viria a falecer em janeiro do ano seguinte, vítima da gripe espanhola. Ainda em outubro de 1919, quando o término da guerra estava para completar um ano, Freud se tornou professor titular da Universidade de Viena; fato que, como ele declara, não lhe significou novos compromissos, tampouco grandes recompensas financeiras, mas garantiu prestígio o suficiente para que ele passasse, em certos círculos, a ser visto com outros olhos.

O incômodo[1]

1

É raro o psicanalista sentir o impulso de realizar investigações estéticas, mesmo que não se restrinja a estética à doutrina do belo e se a descreva como doutrina das qualidades do nosso sentir. Ele trabalha noutros estratos da vida anímica e pouco tem a fazer com as emoções que, no mais das vezes, são o assunto da estética: aquelas de meta inibida, contidas e dependentes de muitas conjunções concomitantes. Hora ou outra, porém, acontece de ele ter de se interessar por uma área específica da estética; e aí se trata, habitualmente, de algo marginal e negligenciado pela literatura estética especializada.

---

[1] Texto publicado em *Imago: Zeitschrift für Anwendung der Psychoanalyse auf die Geisteswissenschaften* [*Imago: revista para a aplicação da psicanálise às ciências humanas*], Vol. V (1919), pp. 297-324. O respectivo manuscrito é parte do acervo da Biblioteca do Congresso dos Estados Unidos. Recuperado de www.loc.gov/resource/mss39990.OV0713.

Uma delas é o "incômodo". Não há dúvida de que ele figure entre o que é aterrador, que suscita medo e horror, assim como também é certo que essa palavra nem sempre é utilizada num sentido que se possa determinar com precisão e acabe por coincidir com aquilo que suscita medo. No entanto, pode-se esperar que haja um núcleo particular que justifique, assim, a utilização de um termo conceitual particular. Gostaríamos de saber o que é esse núcleo comum que porventura permita, no interior daquilo que é medonho, distinguir um "incômodo".

A esse respeito não encontramos quase nada nas minuciosas exposições da estética, que acabam por se dedicar mais aos tipos belos, grandiosos e encantadores de sentimento (ou seja, os positivos), às condições de sua produção e aos objetos que eles evocam, do que aos adversos, repulsivos e penosos. Do lado da literatura médico-psicológica, conheço apenas o tratado — substancioso, porém não exaustivo — de E. Jentsch.[2] Devo confessar, no entanto, por motivos fáceis de imaginar e que residem nos tempos em que vivemos, que a bibliografia para este pequeno artigo, particularmente a de língua estrangeira, não foi meticulosamente selecionada, razão pela qual ele chega ao leitor sem qualquer reivindicação de prioridade.

Como uma dificuldade para o estudo do incômodo, Jentsch enfatiza, com toda justeza, que a sensibilidade para

---

2 Jentsch, E. (1906, 25 ago.; 1 set.). Zur Psychologie des Unheimlichen. *Psychiatrisch-Neurologische Wochenschrift*, 8(22), 195-198; 8(23), 203-205.

essa qualidade de sentimento é encontrada de modo muito diferente em diferentes pessoas. Pois bem, o autor desta nova empreitada deve confessar aqui a sua particular obtusidade no que tange a essa questão, para a qual uma grande sensibilidade viria mais a calhar. Há muito ele não vivencia nem vem a conhecer nada que lhe tenha causado a impressão do incômodo, devendo então primeiramente imaginar-se com esse sentimento, despertar em si próprio essa possibilidade. Dificuldades desse tipo, entretanto, também são tremendas em muitas outras áreas da estética; nem por isso deve-se abrir mão da expectativa de que seja possível destacar os casos nos quais o caráter em questão seja reconhecido, de modo incontestável, pela maioria das pessoas.

Pode-se seguir por dois caminhos: procurar o significado que o desenvolvimento da língua alemã depositou na palavra *unheimlich* [incômodo], ou fazer a recolha daquilo que — nas pessoas e coisas, impressões sensoriais, vivências e situações — desperta em nós o sentimento de incômodo, desbravando o caráter encoberto do incômodo a partir de algo comum a todos os casos. Quero logo revelar que ambos os caminhos levam à mesma conclusão: o incômodo seria uma espécie de elemento aterrador que remonta ao que é há muito conhecido, ao que há tempos é familiar. Como isso é possível, sob que condições aquilo que é familiar pode se tornar incômodo e aterrador, é o que irá ficar claro a partir do que se segue. Gostaria ainda de observar que, na realidade, esta investigação tomou o caminho na direção de um apanhado de casos individuais e só depois veio a ser confirmada pelo testemunho do uso linguístico. Nesta exposição, porém, vou seguir o caminho inverso.

A palavra alemã *unheimlich* é obviamente o oposto de *heimlich* [cômodo], *heimisch* [acomodado] e *vertraut* [familiar], sendo evidente a conclusão de que algo é aterrador justamente por *não* ser conhecido e familiar. Naturalmente, nem tudo o que é novo e pouco familiar é aterrador — a relação não é reversível. Pode-se apenas dizer que aquilo que é novo facilmente se torna aterrador e incômodo; que algumas coisas novas são aterradoras, mas nem todas. Àquilo que é novo e pouco familiar é preciso, antes, acrescer algo que o torne incômodo.

Em geral, Jentsch se deteve nessa relação do incômodo com o novo, com o pouco familiar. Ele encontra a condição essencial para a consumação do sentimento incômodo na insegurança intelectual.[3] Na verdade, o incômodo seria sempre algo em relação ao qual, por assim dizer, nós não conseguimos nos situar. Quanto mais bem orientada no ambiente estiver uma pessoa, menos facilmente ela captará — das coisas ou do que nele sucede — a impressão do incômodo.

Para nós, é fácil julgar que essa caracterização não é exaustiva e, por isso, procurar ir além da equação incômodo = não familiar. Vamos nos voltar primeiro para outras línguas. Os dicionários que consultamos, porém, não nos dizem

---

3 Vale ressaltar que Jentsch utiliza, na realidade, a expressão "insegurança psíquica", e não "insegurança intelectual", como Freud escreve ao longo do ensaio. Cf. "Psicologia do incômodo", *passim* [N.T.].

nada de novo; talvez porque sejamos, nós mesmos, falantes de língua estrangeira. Ficamos com a impressão de que muitas línguas carecem de uma palavra para essa nuance particular daquilo que é aterrador.[4]

LATIM (segundo K. E. Georges, *Kl. Deutschlatein. Wörterbuch*, 1898):[5] *ein unheimlicher Ort* — *locus suspectus* [local suspeito]; *in unh. Nachtzeit* — *intempesta nocte* [na calada da noite].

GREGO (dicionários de Rost e de Schenkl): ξένος, ou seja, estrangeiro, estranho.[6]

INGLÊS (dos dicionários de Lucas, Bellows,[7] Flügel, Muret-Sanders): *uncomfortable* [desconfortável], *uneasy* [in-

---

4 Devo meus agradecimentos ao Dr. Th. Reik pelos excertos que seguem ([N.T.]: Theodor Reik (1888-1969) havia concluído seu doutoramento em psicologia pela Universidade de Viena em 1912, com um trabalho sobre *A tentação de Santo Antônio* (1874), de Flaubert. Sua pesquisa é considerada o segundo trabalho acadêmico de bases psicanalíticas, concluída após a pesquisa de Otto Rank (1884-1939) em literatura, sobre a saga de Lohengrin, publicada em livro no ano de 1911.)

5 Trata-se, na realidade, do *Kleines deutsch-lateinisches Handwörterbuch*. Cf. referências bibliográficas [N.T.].

6 O dicionário de Schenkl traz, além de ξένος (*ksénos*), outro termo não mencionado por Freud; trata-se de ἀδημονία (*adēmonía*): preocupação, inquietação, tormenta. Já na obra de Rost, além deste último, figura também o termo ἀνοίκειος (*anoíkeios*): que não é doméstico, da família; impróprio; inconveniente. Cf. referências bibliográficas [N.T.].

7 No original, "Bellow", grafado incorretamente por Freud e nas edições subsequentes. Cf. referências bibliográficas [N.T.].

quieto], *gloomy* [sombrio], *dismal* [nefasto], *uncanny* [sinistro], *ghastly* [pavoroso]; de uma casa: *haunted* [mal-assombrada]; de uma pessoa: *a repulsive fellow* [um camarada repugnante].[8]

FRANCÊS (Sachs-Villatte): *inquiétant* [inquietante], *sinistre* [sinistro], *lugubre* [lúgubre], *mal à son aise* [desconfortável].[9]

ESPANHOL (Tolhausen,[10] 1889): *sospechoso* [suspeito], *de mal agüero* [de mal agouro], *lúgubre, siniestro* [sinistro].

O italiano e o português[11] parecem contentar-se com palavras que qualificaríamos como paráfrases. No árabe e no

---

8 O dicionário de Flügel traz ainda o termo *unearthly*: fora de hora, sobrenatural, mas também misterioso, sublime. No de Muret-Sanders, além desse, figuram também: *weird* [esquisito], *eery* [lúgubre], *eldritch* [terrível], *horrid* [horrendo], *creepy* [horripilante], *suspicious* [suspeito] e *lurid* [lúrido]. No mesmo verbete do dicionário de Lucas, por sua vez, há ainda os termos *not secret* [não secreto] e *public* [público]. Cf. referências bibliográficas [N.T.].

9 Sachs e Villatte mencionam ainda: *peu rassurant* [não muito tranquilizador] e *avoir peur* [ter medo]. Cf. referências bibliográficas [N.T.].

10 No original, "Tollhausen", grafado incorrectamente por Freud e nas edições subsequentes. Cf. referências bibliográficas [N.T.].

11 Por exemplo, no dicionário alemão-italiano do acervo de Antonio Sangiuliani (Tip. di Commercio, 1839): para um local *unheimlich, dove la volpe abbaja* [onde a raposa gane]; e para uma casa *unheimlich, dove sono gli spiriti* [onde há espíritos]. O de Bulle & Rigutini (1900), além de equivalentes de palavras apontadas por Freud nas outras línguas, também apresenta as seguintes paráfrases: *poco sicuro* [pouco seguro], *poco tranquillo* [pouco tranquilo]. Quanto à língua portuguesa, o dicionário de Michaelis (1889/1902) também apresenta o termo como fazendo referência a algo não muito seguro, solitário, que causa arrepios. Cf. referências bibliográficas [N.T.].

hebraico,[12] *unheimlich* coincide com *dämonisch* [demoníaco], *schaurig* [tenebroso].[13]

Voltemos, pois, à língua alemã.

No *Wörterbuch der deutschen Sprache* [*Dicionário da língua alemã*] de Daniel Sanders[14] encontram-se as seguintes indicações sobre a palavra *heimlich* [cômodo], que aqui trans-

---

12 Na época em que este ensaio foi escrito, dispunha-se de dois dicionários alemão-árabe aos quais o autor, ou Reik, poderia ter tido acesso. Para *unheimlich*, Harder (1903) apresenta o termo غير لطيف (*Gayiru laTīf*), que significa "desagradável". O outro, da autoria de Wahrmund (1870), não traz esse verbete. Contudo, possivelmente Freud estivesse fazendo alusão aqui ao termo que acabará sendo adotado pelos psicanalistas arabófonos para se referir a este seu ensaio: الغرابة (*al-Garabah*), oriundo de غريب (*Garīb*) "estranho/estrangeiro" — palavra que, por sua vez, deriva de غرب (*Garb*), "Ocidente". Isso porque, quando precedido pelo artigo, o termo الغريب (*alGarīb*) ganha uma acepção específica, relativamente rara e discreta no universo de língua árabe, equivalente a "O Coisa Ruim" — ou, mais precisamente, quando associamos o diabo ao lado esquerdo e dizemos "O Canhoto". No caso do hebraico, Margel (1906) associa a palavra *unheimlich* aos seguintes termos: פחד (*pakhad*), medo; מטיל אימה (*metil emah*), horrorizante; האלביתי (*halbiti*), aterrador; איום (*iyyum*), ameaçador. O dicionário de Schulbaum (1881), por sua vez, não dispõe do verbete. Cf. referências bibliográficas [N.T.].

13 A escolha do autor pelo termo *schaurig* é digna de nota. Afinal, conforme o *Dicionário alemão* (Vol. 14, col. 2332) de Jacob e Wilhelm Grimm, citado pelo próprio Freud ao longo do texto, esse adjetivo comporta uma curiosa conjunção de sentidos: ao mesmo tempo que denota o temporal (nuvens pesadas, escuridão e tempestade), tem também a acepção de algo protegido justamente dessas intempéries. A respeito da leitura freudiana das conjunções de sentidos antitéticos numa mesma palavra, cf. p. 60, n. 26 [N.T.].

14 Sanders, D. (1860/1876). *Wörterbuch der deutschen Sprache* (Vol. 1). Leipzig: Otto Wigand, p. 729 [N.T.].

crevo integralmente e das quais quero salientar uma ou outra passagem:

HEIMLICH, adj. (sf. *Heimlichkeit*, pl. *Heimlichkeiten*): **1.** também *Heimelich, heimelig*, pertencente ao lar, não estrangeiro, familiar, domesticado, de confiança e íntimo, acolhedor etc. A) (Antiq.) pertencente à casa, à família ou considerado como pertencente, cf. lat. *familiaris*, familiar: *Die Heimlichen*, Os integrantes da casa; *Der heimliche Rat*, O [membro do] Conselho Privativo (Gn 41:45, 2 Sm 23:23, 1 Cr 12:25, Sb 8:4), para os quais hoje em dia: geralm. *Geheimer* (ver D 1) *Rat*, O [membro do] Conselho de Estado, ver HEIMLICHER [Conselho Privado] • B) em relação aos animais domesticados, por se conectarem intimamente com as pessoas. (Ant.) selvagem, p. ex.: "Fera que nem é selvagem, nem *h.*" etc. (Eppendorf, 88); "Fera selvagem [...] que é criada *h.* e habituada junto das pessoas" (92). "Caso esses animaizinhos sejam criados desde novos junto dos humanos, tornam-se inteiramente *h.*, amigáveis etc." (Stumpf, 608a) etc. • Ou ainda: "Ele [o cordeiro] é bem *h.* e come da minha mão" (Hölty); "A cegonha permanece sendo uma ave bela e *h.* [ver C], afinal" (Linck, *Schl.* 146); ver HÄUSLICH [doméstico] 1 etc. • C) de confiança, intimamente acolhedor; o bem-estar da satisfação serena etc., do sossego agradável e do refúgio seguro, tal como suscitado pela casa fechada e aconchegante (cf. GEHEUER [conforme]): "Ainda te é *h.* estar nesta terra onde os forasteiros desmatam as tuas florestas?" (Alexis, *H.*

1, 1, 289); "Não lhe era demasiado *h*. estar em casa" (Brentano, *Wehm*. 92); "Em uma vereda sombreada e *h*. [...] ao longo de um caudaloso riacho de floresta ruidoso e burburejante" (Forster, *B*. 1, 417). "Destruir a *H.-keit* da terra natal" (Gervinus, *Lit*. 5, 375). "Um lugarzinho tão íntimo e *h*. não foi fácil de encontrar" (G.,[15] 14, 14); "Pensávamos ser tão confortável, tão cativante, tão descontraído e *h*." (15, 9); "Em serena *H.-keit*, cercado de estritas barreiras" (Haller); "Uma dona de casa esmerada que, com o mínimo, sabe criar uma aprazível *H.-keit*", *Häuslichkeit*, domesticidade (Hartmann, *Unst*. 1, 188); "Tão *h*. pareceu-lhe agora o homem que há pouco lhe era tão estranho" (Kerner, 540); "Os proprietários protestantes não se sentem [...] *h*. entre seus subordinados católicos" (Kohl, *Irl*. 1, 172); "Se for *h*. e leve / só a serenidade noturna há de bisbilhotar a tua alcova" (Tiedge, 2, 39); "Um lugar tranquilo e amável e *h*., do jeitinho que / poderiam desejar para o sossego" (W.[16] 11, 144); "Não ficou nada *h*. com isso" (27, 170) etc. • Também: "O lugar era tão pacato, tão ermo, tão sombreiramente *h*." (Scherr, *Pilg*. 1, 170); "O fluxo e o refluxo das ondas, sonhadoras e acalentadamente *h*." (Körner, *Sch*. 3, 320) etc. • Cf. espec. UNHEIMLICH • Espec. em literatos suábios e suíços, geralmente trissílabo: "Quão '*heimelich*' voltou a ser para Ivo, de tardezinha, quando ficava em casa" (Auerbach, *D*. 1, 249); "Estar na casa me era tão *heimelig*" (4,

---

15 Goethe [N.T.].

16 Wieland [N.T.].

O incômodo

307); "O cômodo cálido, a tarde *heimelige*" (Gotthelf, *Sch.* 127, 148); "Essa é a verdadeira *Heimelig*, quando o homem sente de coração quão pouco ele é e quão grande é o Senhor" (147); "Ficavam cada vez mais descontraídos e *heimelig* uns com os outros" (*U.* 1, 297); "A íntima *Heimeligkeit*" (380, 2, 86); "Nenhum lugar me será mais *heimelich* que aqui" (327; Pestalozzi 4, 240); "O que de longe veio [...] vive sem sentir-se totalmente *heimelig* (*heimatlich*, como um local; *freundnachbarlich*, entre amigos) com as pessoas (325); "A cabana onde, / aliás, ele frequentemente ficava tão *heimelig*, tão feliz / [...] junto aos seus" (Reithard, 20); "A trombeta do guarda soa tão *heimelig* da torre / Tão hospitaleira a sua voz convida" (49); "Ali se dorme em reconforto / tremendamente *heim'lig*" (23) etc. • *Essa forma merecia se generalizar para proteger a boa palavra de se tornar, por conta da evidente confusão com (2), obsoleta. Cf.:* "— Os Zeck são todos h. (2)", "— H.? O que o senhor entende por h.?", "— Bem... parece-me que, com eles, a coisa é feito uma fonte enterrada ou uma lagoa seca. Não há como andar em cima como se a água não pudesse sempre emergir de novo.", "— Chamamos isso de unheimlich; o senhor chama de h. O que lhe faz pensar que essa família tem algo de escondido e suspeito?" etc. (Gutzkow, R. 2, 61).[17] • D) (ver C) espec. na Silésia: bom, desanuviado, também em relação ao tempo (ver Adelung e Weinhold) • **2.** Mantido escondido, dissimulado, para não deixar outros

---

17 Estes grifos, assim como os que vêm em seguida, são meus.

saberem disso ou a respeito disso que se lhes quer dissimular; cf. GEHEIM [confidencial] (2), do qual o adj. novo-alto-alemão, mais especialmente na linguagem antiga — p. ex., na Bíblia (Jb 11:6; 15:8; Sb 2:22; I Cor 2:7 etc.), também com *H.-keit* no lugar de *Geheimnis* [segredo] (Mt 13:35) etc. — nem sempre é claramente distinguível: Agir, praticar algo *h.* (pelas costas de alguém); Afastar-se *h.*; Reuniões, compromissos *h.*; Assistir com *h.* alegria a desgraça alheia; Suspirar, chorar *h.*; Agir *h.*, como se houvesse algo a dissimular; Amor, caso, pecado *h.*; Locais *h.*, que o bem-estar ordena encobrir (1 Sm 5:6); O recinto *h.*, latrina (2 Rs 10:27; W.[18] 5, 256) etc., ou também: O assento *h.*, privada (Zinkgräf, 1, 249); A sete chaves, em *H.-keiten* (3, 75; Rollenhagen, *Fr.* 83) etc. • "Desfilou com as éguas / *h.* perante Laomedonte" (B.,[19] 161b) etc. • "Dissimulado, *h.*, traiçoeiro e maldoso com horríveis senhores [...] franco, disponível, compassivo e diligente com o amigo sofredor" (Burmeister, *g B* 2, 157); "Hás de saber o que guardo de mais *h.* e sagrado" (Chamisso, 4, 56); "A arte *h.*", a magia (3, 224); "Onde tem de cessar a ventilação pública, começa a maquinação *h.*" (Forster, *Br.* 2, 135); "Liberdade é o lema silente dos *h.* conspiradores e o alarido sonoro dos publicamente revolucionários" (G.[20] 4, 222); "Uma atividade sagrada, *h.*" (15); "Tenho raízes / que são bem *h.*, / em chão

---

18 Wieland [N.T.].

19 Bürger [N.T.].

20 Goethe [N.T.].

profundo / estou cravado" (2, 109); "Minha malícia *h.*" (cf. HEIMTÜCKE [perfídia]) (30, 344); "Caso não angarie aberta e escrupulosamente, bem pode tomar *h.* e inescrupulosamente" (39, 22); "Vamos, *h.* e secretamente, montar telescópios acromáticos" (375); "De agora em diante quero que não haja mais / nenhuma *H.-keit* entre nós" (Sch.,[21] 369b.) • Descobrir, revelar, trair as *H.-keiten* de alguém; "Urdir *H.-keiten* pelas minhas costas" (Alexis, *H.* 2, 3, 168); "No meu tempo / cultivava-se a *H.-keit*" (Hagedorn, 3, 92); "A *H.-keit* e o absconso" (Immermann, *M.* 3, 289); "O paralisante encanto com a *H.-keit*" do ouro dissimulado "só o mando do discernimento pode esconjurar" (Novalis, 1, 69); "Dize onde o tens dissimulado [...] / em que lugar de discreta *H.-keit*" (Sch.[22] 495b); "Vocês, abelhas, que sovam / o fecho das *H.-keiten*", a cera do selo epistolar (Tieck, *Cymb.* 3, 2); "Versado em raras *H.-keiten*", artes mágicas (Schlegel, *Sh.* 6, 102) etc. Cf. GEHEIMNIS [segredo] (L.[23] 10, 291-ss.).

Deriv. ver 1 c), também espec. o ant.: *Un-*: que suscita um desagradável e aflitivo horror: "Pareceu-lhe praticamente *un-h.*, fantasmagórico" (Chamisso 3, 238); "As horas da noite, aflitivas de um jeito *un-h.*" (4, 148); "Há tempos sentia algo *un-h.*, até mesmo horroroso" (242); "Está começando a ficar *un-h.* para mim"

---

21 Schiller [N.T.].

22 Schiller [N.T.].

23 Lessing [N.T.].

(Gutzkow, *R.* 2, 82);²⁴ "Sente um horror *un-h.*" (Heine, *Verm.* 1, 51); "*Un-h.* e paralisado feito uma imagem de pedra" (*Reis.*, 1, 10); "a névoa *un-h.*, chamada de nevoeiro de montanha" (Immermann, *M.*, 3, 299); "esses jovens pálidos são *un-h.* e estão urdindo sabe Deus o quê de ruim" (Laube, *Band.* 1, 119); "*Chama-se un-h. tudo aquilo que deveria permanecer em segredo, dissimulado [...] e veio à tona*" (Schelling, 2, 2, 649) etc. • "Encobrir o divino, envolvê-lo em certa *U.-keit*" (658) etc. • Ant. invulgar de (2), como indica Campe²⁵ sem maiores atestações.

A partir dessa longa citação, o mais interessante para nós é que a palavrinha *heimlich*, entre os múltiplos matizes de seu significado, exibe também um no qual coincide com o seu an-

---

24 O trecho, na realidade é o seguinte: "'Está começando a ficar *un-h.* para mim' (G.[oethe], 6, 330); 'A coisa ficou *un-h.*, gelando a maioria das espinhas' (Gotthelf, *U.* 2, 159); 'As figuras mais *un-h.*' (Gutzkow, *R.* 2, 82)". A primeira citação elidida por Freud — que, por sinal, começa com *das Ding* [a coisa] — faz parte do livro *Uli der Pächter* [*Uli, o arrendatário*], bem na altura do texto em que o personagem principal e sua família, ouvindo um grito de morte na calada da noite, saem de casa para se inteirar do que havia acontecido. No entanto, sem nada encontrar — nem criminoso, nem rastros, nem corpo —, eles são tomados pela sensação descrita no excerto: uma acepção do incômodo como *calafrio*, que é explorada por Jentsch em seu ensaio pela via de um termo que não aparece em Freud (cf. "Psicologia do incômodo", p. 35, n. 10). Para maiores desdobramentos dessa elisão, cf. McCaffrey, Ph. (1992). Erasing the Body: Freud's Uncanny Father-Child. *American Imago*, 49(4), 371-389. Recuperado de www.jstor.org/stable/26304061 [N.T.].

25 Campe encerra o verbete UNHEIMLICH de seu dicionário com as seguintes definições: "*nicht geheim, öffentlich*" [não confidencial, público]. Cf. Campe, J. H. (1807-1811). *Wörterbuch der deutschen Sprache* (Vol. 5). Braunschweig: Schulbuchhandlung, p. 171 [N.T.].

tônimo, *unheimlich*.²⁶ O cômodo então se torna incômodo; cf. o exemplo de Gutzkow: "Chamamos isso de *unheimlich*; o senhor chama de *heimlich*".²⁷ Lembremos, de modo geral, que esta palavra *heimlich* não é inequívoca, pertencendo a dois campos representacionais que, mesmo sem serem opostos, são bastante alheios um ao outro: o campo do familiar, do agradável, e o campo daquilo que é mantido escondido, dissimulado. *Unheimlich* é usual apenas como antônimo do primeiro significado, não do segundo. Em Sanders, não ficamos sabendo de nada que nos diga se poderia, ou não, ser presumida uma relação genética entre esses dois significados. Em contrapartida, atentamos para uma observação de Schelling que enuncia algo de totalmente novo sobre o conteúdo do conceito de *unheimlich*, para o qual a nossa expectativa cer-

---

26 Sabe-se que a possibilidade de sentidos antagônicos conviverem numa mesma palavra já acompanhava Freud há pelo menos uma década. Cf. Freud, S. (1910/2013). Sobre o sentido antitético das palavras primitivas. In *Observações sobre um caso de neurose obsessiva, uma recordação de infância de Leonardo da Vinci e outros textos* (pp. 302-312, P. C. de Souza, trad.) (Obras completas, Vol. 9). São Paulo: Companhia das Letras. Para uma leitura crítica da elaboração freudiana, cf. Benveniste, É. (1956/1976) Observações sobre a função da linguagem na descoberta freudiana. In *Problemas de linguística geral* (pp. 81-94, M. G. Novak; L. Neri, trad.). São Paulo: Ed. Nacional; Ed. da Universidade de São Paulo [N.T.].

27 Karl Gutzkow (1811-1878), escritor e jornalista alemão, era considerado um dos mais escandalosos membros do grupo Junges Deutschland [Jovem Alemanha], que, discutindo temas candentes, promoveu embates envolvendo a religião e os costumes. A citação destacada por Freud é um excerto do romance *Os cavaleiros do espírito*, cuja trama girava em torno de questões da situação política da época. Cf. Gutzkow, K. (1850-51/1998). *Die Ritter vom Geiste* (Vol. 2) (Th. Neumann, Org.). Frankfurt am Main: Zweitausendeins, p. 416 [N.T.].

tamente não estava preparada. Incômodo é tudo aquilo que deveria permanecer um segredo, dissimulado, e veio à tona.[28]

Parte das dúvidas aqui instigadas será esclarecida pelas informações contidas no *Deutsches Wörterbuch* [*Dicionário alemão*] de Jacob e Wilhelm Grimm:[29]

> **HEIMLICH**; adj. e adv. *vernaculus* [vernáculo], *occultus* [oculto]; médio-alto-alemão *heimelîch, heimlîch, heînlich*.
>
> col. 874: em outro sentido: "sinto-me *heimlich*, bem, livre de temor [...]"
>
> B) *heimlich* é também o lugar livre do fantasmal [...]
>
> col. 875: β) familiar; amigável, confiável.
>
> 4. *a partir do local, do doméstico, desenvolve-se então o conceito daquilo que está subtraído da vista, dissi-*

---

28 Friedrich Schelling (1775-1854), considerado um dos maiores representantes do idealismo alemão, é autor de *Philosophie der Mythologie* [*Filosofia da mitologia*] (1842), obra da qual Sanders extraiu o trecho destacado em seu dicionário por Freud. A partir do original schellinguiano, no entanto, a citação completa é a seguinte: "Chama-se *unheimlich* tudo aquilo que deveria permanecer *em* segredo, dissimulado, *em latência*, e veio à tona". A supressão da ideia de latência na citação empregada pelo ensaio freudiano não deixa de chamar a atenção do leitor (cf. "Posfácio", p. 131); contudo, vale ressaltar que o termo já havia sido suprimido pelo próprio Sanders em seu dicionário. Cf. referências bibliográficas [N.T.].

29 Grimm, J., & Grimm, W. (1877). *Deutsches Wörterbuch, Vol. 10 — IV, II (H, I, J)*. Leipzig: S. Hirzel, cols. 874-879 [N.T.].

mulado, secreto, e também amanhado em múltiplos aspectos [...]

col. 876: "à esquerda do lago
uma pradaria jaz *heimlich* no bosque"[30]
Schiller, *Guilherme Tell*, I, 4.

[...] isolado e, para o uso linguístico moderno, inabitual [...] *heimlich* é associada a um verbo que designa o gesto de dissimular: "*heimlich* em seu tabernáculo me acobertará" (Sl 27:5). ([...] Lugares *heimlich* do corpo humano, *pudenda* [...] "as pessoas que não morriam eram feridas nas partes *heimlich*" [1 Sm 5:12] [...])

c) oficiais que dão conselhos importantes e confidenciais em questões de estado chamam-se *heimliche räthe*, conselheiros privativos; no uso linguístico atual, o adjetivo é substituído por *geheim*, confidencial (ver D): [...] "(o Faraó) nomeia-o (José) *heimlicher rath*"[31] (1 Gn 41:45);

---

30 O dicionário traz a citação com uma lacuna, que não é sinalizada por Freud em seu texto: "à esquerda do lago [...] uma pradaria jaz *heimlich* no bosque" [N.T.].

31 Nas Bíblias brasileiras, em geral, apenas adapta-se o termo hebraizado צפנת פענח (*tsafenat paneakh*), considerado por muitos como de origem egípcia: "E Faraó chamou José de *Zafenate-Paneia*". Esse nome/título, dado a José pelo Faraó quando este lhe concedeu um cargo no Egito, é geralmente entendido como significando "revelador de segredos" ou "aquele a quem os segredos são revelados" — o que condiz, portanto, com a referida tradução alemã [N.T.].

col. 878. 6. *heimlich* para o conhecimento, místico, alegórico: sentido *heimlich, mysticus* [místico], *divinus* [divino], *occultus* [oculto], *figuratus* [figurado].

p. 878: doravante *heimlich* é outra coisa, subtraído do conhecimento, inconsciente: [...]

mas *heimlich* também é hermético, impenetrável no que se refere à perquirição: [...]

"percebes? em mim[32] não confiam,
temem o semblante *heimlich* de Friedländer"

O acampamento de Wallenstein, cena 2

9. *o significado do escondido, do perigoso, que vem à tona no número anterior desenvolve-se ainda mais, de modo que* heimlich *angaria o sentido que normalmente tem* unheimlich (formado a partir de *heimlich* 3, B, col. 874): "às vezes sinto-me feito quem vaga noite afora e crê em fantasmas; cada canto lhe é *heimlich* e hórrido" (Klinger, *Theater*, 3, 298).[33]

---

32 No dicionário, assim como no próprio original de Friedrich Schiller: "em *nós* não confiam" [N.T.].

33 Em tempo: o verbete *heimlich* no *Dicionário alemão* dos irmãos Grimm (Vol. 10, cols. 874-881) é sensivelmente mais extenso que o excerto do qual Freud se vale aqui. A esse respeito, o tradutor Lionel Klimkiewicz formula a hipótese de que Freud, vendo-se diante de uma citação muito longa, teria anotado apenas o início e o final de algumas frases, na expectativa de que o editor completasse as lacunas de seu manuscrito — o que, por sua vez, não teria acontecido. Cf. Freud, S. (1919/2014). *Das Unheimliche: manuscrito inédito* (L. Klimkiewicz, trad.). Buenos Aires: Mármol/Izquierdo, pp. 14-18 [N.T.].

Logo, *heimlich* é uma palavra cujo significado se vai desdobrando na direção de uma ambivalência, até que por fim coincide com o seu antônimo, *unheimlich*. Incômodo é, de algum modo, uma espécie de cômodo. Juntemos essa conclusão ainda não totalmente esclarecida com a definição de incômodo dada por Schelling.[34] A investigação individualizada dos casos de incômodo tornará essas alusões compreensíveis para nós.

2

Se agora passarmos em revista as pessoas e coisas, as impressões, os fenômenos e as situações que são capazes de despertar em nós o sentimento de incômodo com particular força e nitidez, então a escolha de um primeiro bom exemplo é, obviamente, a próxima exigência. E. Jentsch salientou, como um caso notável, a "dúvida quanto a se um ser aparentemente vivo seria animado, ou não; e, vice-versa, a respeito de um objeto inanimado ser, porventura, animado",[35] referindo-se à

---

34 Na primeira edição do ensaio, publicada na revista *Imago* (p. 303) — assim como, diga-se de passagem, no próprio manuscrito freudiano (p. 5) —, o nome mencionado aqui não é o de Friedrich Schelling, e sim o de Friedrich Schleiermacher (1768-1834): filósofo, filólogo e teólogo alemão nascido na Breslávia, atualmente parte da Polônia. A troca dos sobrenomes, corrigida nas edições posteriores, é particularmente interessante pelo fato de o substantivo alemão *Schleiermacher* significar "fabricante de véus" — o que se soma à questão, crucial para o ensaio, daquilo que está à vista e do que dela foi subtraído. A esse respeito, cf. Todd, J. M. (1986). The Veiled Woman in Freud's *Das Unheimliche*. Signs, *11*(3), 519-528 [N.T.].

35 Cf. neste volume: Jentsch, E. (1906). Psicologia do incômodo, p. 29 [N.T.].

impressão causada por bonecos de cera, bonecas engenhosas e autômatos. Acresce-lhes o incômodo causado pelo ataque epilético e pelas expressões da loucura, pois, por meio destes, serão despertadas suspeitas, no espectador, de que processos automáticos (mecânicos) podem estar dissimulados por trás da imagem habitual de que algo tem vida própria. Sem que estejamos completamente convencidos quanto a essa explanação do autor, queremos dar continuidade à nossa investigação a partir da sua, pois ele nos faz lembrar seguidamente de um escritor que conseguiu, como nenhum outro, produzir efeitos incômodos.

"Um dos artifícios mais certeiros para facilmente evocar efeitos incômodos por meio de narrativas", escreve Jentsch, "baseia-se, no que se refere a um determinado personagem, em deixar o leitor na incerteza quanto a ter diante de si uma pessoa ou, porventura, um autômato. Porém, isso é feito de forma que a insegurança não apareça, candente, no foco de sua atenção, de modo que ele não seja induzido a investigar e aclarar a questão de imediato — pois ao fazê-lo, como dissemos, aquele impacto emocional específico facilmente se esvai. Em suas peças fantásticas, E. T. A. Hoffmann repetidas vezes fez uso dessa manobra psicológica com sucesso".[36]

Essa observação seguramente correta mira sobretudo o conto "O Homem da Areia", em *Nachtstücke* [*Noturnos*] (terceiro volume da edição feita por Grisebach das obras completas

---

36 Cf. neste volume: Jentsch, E. (1906). Psicologia do incômodo, p. 35 [N.T.].

de Hoffmann),[37] do qual saiu o personagem da boneca Olímpia para chegar ao primeiro ato da ópera de Offenbach, *Contos de Hoffmann*.[38] Devo, no entanto, dizer — e espero que a maioria dos leitores da história concordem comigo — que o mote da boneca aparentemente viva, Olímpia, não é de manei-

---

[37] O conto, cujo manuscrito data de "16 de novembro de 1815, 1h da madrugada", seria publicado no ano seguinte: Hoffmann, E. T. A. (1816/1817). Der Sandmann. In *Nachtstücke* (Vol. 1, pp. A-82). Berlin: Realsculbuchhandlung. Recuperado de www.deutschestextarchiv.de/hoffmann_nachtstuecke01_1817/9. Em tempo, cumpre notar a íntima relação de Hoffmann com o universo da música: também músico e compositor, é dela que ele retira muito dos recursos de sua linguagem — inclusive o título dessa sua coletânea, *Nachtstücke* [*Noturnos*], que evoca o tipo de composição inspirado pela noite e consagrado no século XIX por F. Chopin (1810-1849). Sobre música e literatura em Hoffmann, cf. Barbosa, M. A. (2005). O escritor E. T. A. Hoffmann e seus temas. In *Reflexões do gato Murr* (pp. 9-18, M. A. Barbosa, trad.). São Paulo: Estação Liberdade, 2013. Para a edição de Grisebach mencionada por Freud, cf. referências bibliográficas [N.T.].

[38] Jacques Offenbach (1819-1880), nascido em Colônia com o nome de Jakob Eberst, foi um violoncelista e compositor que viveu desde jovem na França. A obra mencionada, *Les contes d'Hoffmann* [*Os contos de Hoffmann*], consiste numa ópera em cinco atos, baseada em três contos do autor: "O Homem da Areia", "O Conselheiro Krespel" e "O reflexo perdido". Sua estreia ocorreu em Paris no começo de 1881; no final do mesmo ano, ela seria apresentada em Viena, no Ringtheater — que, aliás, veio a pegar fogo em razão de uma falha na iluminação a gás logo depois de o público ocupar os assentos da plateia para o início desse espetáculo, em sua segunda apresentação, atingindo cerca de 400 pessoas. A estrutura do teatro foi demolida e no local foi construído um edifício residencial, inaugurado em 1885, chamado Sühnhaus [Casa da Expiação]. Freud, recém-casado, mora ali com a família entre 1886 e 1891 — ano em que, aos 14 de maio, uma paciente sua morre ao se atirar no fosso da escadaria. Pauline Silberstein, então com 19 anos e natural de Brăila (Romênia), era esposa de um de seus amigos mais próximos na adolescência, Eduard Silberstein. A história do edifício se encerra com a sua destruição durante a Segunda Guerra Mundial. Cf. Hamilton, J. W. Freud and the Suicide of Pauline Silberstein. *The Psychoanalytic Review*, 89(6), 889-909 [N.T.].

ra alguma o único a ser responsabilizado pelo efeito incomparavelmente incômodo da narrativa, nem sequer aquele ao qual esse efeito deveria ser atribuído em primeiro lugar. Esse efeito é inclusive o que não colabora para que o episódio de Olímpia sofra uma ligeira viravolta em algo satírico pelas mãos do escritor e seja por ele utilizado para caçoar da superestimação amorosa do lado do rapaz. No centro da narrativa há, isso sim, um outro elemento, do qual ela tira o seu nome e que sempre será destacado nos pontos decisivos: o mote do *Homem da Areia*, aquele que arranca os olhos das crianças.

O estudante Nataniel,[39] com cujas memórias de infância o conto fantástico começa, não consegue, apesar de sua felicidade presente, esconjurar as lembranças que para ele se ligam à morte enigmática e aterrorizante de seu amado pai. Em certas noites, a mãe costumava mandar o filho para cama cedo com a seguinte advertência: "O Homem da Areia está chegando!"[40] — e realmente a criança ouve, toda vez, o passo pesado de um

---

[39] Embora na edição mencionada por Freud o nome do personagem esteja grafado como "Natanael" [*Nathanael*], em seu ensaio ele utiliza a grafia que optamos por manter nesta tradução: Nataniel [*Nathaniel*] [N.T.].

[40] Presente na cultura popular de vários países — e registrado pelos contos de Andersen na figura de Ole Lukøje, similar ao "João Pestana" do folclore português —, o Homem da Areia consiste numa criatura que, amigável na maior parte do tempo, seria responsável tanto pelo sono das crianças quanto pelos seus sonhos: colocando areia sobre os olhos delas, eles ficam pesados e se fecham. No universo germânico, falar para uma criança que *"der Sandmann kommt!"* ["o Homem da Areia está chegando!"] é, então, um jeito de dizer que os olhos dela estão ficando pesados de sono. Uma releitura do personagem foi amplamente popularizada pelo premiado romance gráfico escrito por Neil Gaiman, que começou a ser publicado em 1988. Cf. Andersen, H. C. (2011). *Os pequenos verdes e outras histórias* (K. L.

visitante com quem, naquela noite, o pai ia se ocupar. Questionada a respeito do Homem da Areia, a mãe diz que ele não existe, que é só um jeito de falar; porém, uma governanta sabe dar informações mais palpáveis: "É um homem malvado que vem atrás das crianças quando não querem ir para a cama e joga punhados de areia nos olhos delas até que saltem, ensanguentados, para fora da cabeça. Ele os joga então no saco e leva para a lua crescente, para dar de comer aos filhinhos dele, que ficam lá no ninho e têm bico curvo feito coruja, para bicar os olhos das criancinhas malcriadas".

Embora o pequeno Nataniel tivesse idade e entendimento o suficiente para rejeitar o acréscimo de ingredientes tão horrendos ao personagem do Homem da Areia, instalou-se nele próprio o medo do dito-cujo. Resolveu averiguar como é que o Homem da Areia era; e, certa noite, quando novamente o esperavam, dissimulou-se o menino no escritório do pai. É então que reconhece, no visitante, o advogado Coppelius — um tipo repulsivo diante do qual as crianças costumavam demonstrar receio quando ocasionalmente aparecia como convidado para o almoço —, e passa a identificar o tal Coppelius com o temido Homem da Areia. Na continuação dessa cena, o escritor já nos deixa em dúvida sobre estarmos diante de um primeiro delírio do menino possuído pelo medo ou de um relato que é para ser tomado como real no universo figurativo do conto. Pai e convidado estão mexendo num

---

Garrubo, trad.). São Paulo: Berlendis & Vertecchia; Gaiman, N. (1989-96/2018). *Sandman: coleção definitiva* (J. Martins et al., trad.). Barueri: Panini [N.T.].

fogareiro com brasa ardente. O pequeno bisbilhoteiro ouve Coppelius berrar: "Dá aqui os olhos, dá aqui os olhos!". Ele se trai ao reagir com um grito e é agarrado por Coppelius, que lhe quer salpicar nos olhos fagulhas incandescentes da labareda, para então atirá-los no fogareiro. O pai suplica pelos olhos do filho. Um desmaio profundo e uma prolongada doença rematam o acontecido. Quem decide por uma interpretação racionalista do Homem da Areia não irá desprezar a perseverante influência da narrativa da governanta nessa fantasia da criança. Em vez de grãos de areia, são fagulhas incandescentes que deverão ser salpicadas nos olhos do filho a fim de que, em ambos os casos, os olhos saltem para fora. Numa outra visita do Homem da Areia, um ano depois, o pai é morto por uma explosão no escritório; o advogado Coppelius desaparece do local sem deixar rastro.

O estudante Nataniel acredita então reconhecer essa figura aterradora dos seus anos de infância num óptico italiano, Giuseppe Coppola, ambulante que tenta lhe vender barômetros[41] na cidade universitária e, após sua recusa, acrescenta: "Ah, nón barómetro, nón barómetro! — Ténio tambén bélios

---

41 O termo em alemão, *Wetterglas*, remete a um tipo específico de barômetro, chamado de barômetro de Goethe [*Goethe-Wetterglas*]. Não se sabe exatamente quando nem por quem foi desenvolvido, mas ficou associado ao escritor porque ele dispunha de um. Trata-se de um instrumento feito de um recipiente de vidro num formato característico: uma câmara maior, atrás, da qual se ergue verticalmente um bico na parte da frente, como uma espécie de chaleira. Ele contém água, que, por comparação entre as duas partes do recipiente, mede variações na pressão atmosférica, com o intuito de prever alterações climáticas [N.T.].

óclios, bélios óclios".⁴² O pavor do estudante é apaziguado à medida que os olhos oferecidos vão se evidenciando como inofensivos óculos. Ele compra de Coppola uma luneta de bolso com a perspectiva de, com seu auxílio, espiar a residência em frente, do Professor Spalanzani,⁴³ onde avista a sua bela — porém enigmaticamente taciturna e inerte — filha Olímpia. Logo se apaixona tão loucamente por ela que esquece a noiva astuta e sóbria. Porém, Olímpia é um autômato, cuja engrenagem fora feita por Spalanzani e no qual Coppola (o Homem da Areia) inseriu os olhos. O estudante aparece quando os dois mestres estão brigando pela obra: o óptico leva embora a boneca de madeira e sem olhos; e o mecânico, Spalanzani, joga no peito de Nataniel os olhos ensanguentados de Olímpia, que estavam pelo chão, dizendo terem sido roubados de Nataniel por Coppola. Nataniel é tomado por mais um ataque de loucura, em cujo delírio a reminiscência da morte do pai liga-se com a impressão recente: "Fuiiim... fuiiim... fuiiim!... Roda de fogo... roda de fogo! Gira, gira, roda de fogo... viva!... viva! Bonequinha de madeira, fuiiiim! Bonequinha de madeira bonita, gira, gira....".⁴⁴ E então ele se atira sobre o professor, o pretenso pai de Olímpia, querendo estrangulá-lo.

---

42 No alemão falado pelo vendedor ambulante estrangeiro fundem-se *belli occhi* e *schöne Augen*, resultando na corruptela *sköne Oke* [N.T.].

43 Vale dizer que, no sobrenome Spalanzani — que evoca o famoso biólogo Lazzaro Spallanzani (1729-1799) e seus estudos sobre a respiração, a circulação sanguínea e a fertilização —, reverbera o termo italiano *spalancare*, que significa "arregalar, esbugalhar" [N.T.].

44 Em 1821 — portanto, apenas alguns anos após a escrita do conto de Hoffmann —, Josef Annegarn (1794-1843) comporá uma cantiga cujo refrão começa

Após despertar de uma doença grave e prolongada, Nataniel parece enfim recuperado. Reata com a noiva e com ela planeja se casar. Certo dia, ambos estão caminhando pela cidade, na qual, por sobre o mercado, a altiva Torre do Conselho lança a sua sombra gigantesca. A moça faz ao noivo a proposta de subirem na torre, enquanto o irmão dela, que acompanha o casal, permanece embaixo. Do alto, uma curiosa aparição de algo que vem se aproximando pela rua atrai a atenção de Clara. Nataniel observa a mesma coisa pelas lentes de Coppola — a luneta que ele encontra no bolso —; é novamente tomado pela loucura e, com as palavras "Bonequinha de madeira, gira, gira!", tenta arremessar a moça lá de cima. Atraído pela gritaria, o irmão a resgata e desce com ela às pressas. No alto, o desvairado corre de um lado para o outro, proferindo a exclamação "Roda de fogo, gira, gira!" — cuja proveniência bem conhecemos. Entre as pessoas que se aglomeram embaixo, desponta o advogado Coppelius, que reaparecera de repente. É lícito supor que foi o fato de vê-lo se aproximar que acarretou a Nataniel o acesso de loucura. Querem subir para conter o desvairado, mas Coppelius[45] ri:

---

com "Viva, viva, tralalalalá..." ["*Lustig, lustig, traleralera!*"], inicialmente escrita para ser executada pelas crianças no dia de São Lamberto, mas posteriormente convertida em cantiga para São Nicolau, sobrevivendo até hoje como canção natalina. "Viva, viva" também é o bordão que abrirá uma cantiga operária alemã de meados do século XIX: "Viva, viva, irmãos queridos" ["*Lustig lustig ihr lieben Brüder*"]. Assim, não seria de admirar que, à época da escrita do conto, o bordão já circulasse de alguma forma nas cantigas populares do universo germânico de que Hoffmann fazia parte [N.T.].

45 Sobre a derivação do nome: *coppella* = cadinho (as operações químicas com as

"Esperem só. Já, já ele vai descer por conta própria". Nataniel detém-se de súbito, enxerga Coppelius e, num grito estridente — "Sim! Bélios óclios, bélios óclios" —, atira-se por sobre a balaustrada. Mal estatelara-se, a cabeça espatifada na calçada, e o Homem da Areia já havia desaparecido na confusão geral.

Essa breve recapitulação da história certamente não deixará a menor dúvida de que o sentimento do incômodo está diretamente colado à figura do Homem da Areia, ou seja, à ideia de ter os olhos roubados; e de que uma insegurança intelectual, no sentido que lhe dá Jentsch,[46] nada tem a ver com esse efeito. O benefício da dúvida que tivemos de conceder — a respeito de a boneca Olímpia ter, ou não, vida própria — acaba por ficar fora de questão nesse exemplo mais forte do incômodo. Com efeito, o escritor gera inicialmente em nós uma espécie de insegurança, ao não permitir, num primeiro momento — certamente de modo proposital —, que saibamos se ele vai nos introduzir no mundo real ou num mundo fantástico de seu alvitre. Bem sabemos que ele está no direito de fazer tanto uma coisa quanto outra. Se, por exemplo, o mundo que ele escolheu como cenário das suas figurações foi um mundo no qual atuam espíritos, demônios e fantasmas — como Shakespeare em *Hamlet*, *Macbeth* e, noutro sentido, em *A tempestade* e *Sonho de uma noite de verão* —, então somos obrigados a entregar os pontos a esse respeito e, enquanto

---

quais o pai se acidenta); *coppo* = cavidade orbital (conforme uma observação da Dra. Rank). ([N.T.]: Trata-se da psicanalista Beata Rank-Minzer (1886-1961), que havia se casado com Otto Rank no ano anterior.)

46 Ver p. 50, n. 3 [N.T.].

durar nossa entrega, tratar como realidade esse mundo por ele pressuposto. Mas, no decorrer da narrativa hoffmanniana, essa dúvida se esvai; notamos que o escritor quer nos fazer ver com os óculos ou com as tais lentes do óptico demoníaco, e que talvez ele em pessoa tenha olhado por essa luneta. A conclusão do conto deixa bem claro que o óptico Coppola é mesmo o advogado Coppelius e, portanto, também o Homem da Areia.

Uma "insegurança intelectual" não está mais aqui em questão: já sabemos que não nos serão apresentadas as construções fantasísticas de um louco, por trás das quais podemos reconhecer, numa posição de superioridade racionalista, o estado objetivo das coisas. Mas o fato é que a impressão do incômodo não foi sequer reduzida com esse esclarecimento. Logo, a ideia de uma insegurança intelectual em nada nos ajuda para compreender esse efeito incômodo.

Em contrapartida, a experiência psicanalítica nos lembra que a lesão ou a perda dos olhos é um medo infantil terrível. Em muitos adultos essa apreensão remanesce, e não temem ferir nenhum outro órgão como temem ferir os olhos. Também se está habituado a dizer que se guarda algo como a menina dos olhos.[47] O estudo dos sonhos, das fantasias e dos mitos depois nos ensinou que o medo em relação aos olhos, o medo de ficar cego, é muito frequentemente um substituto do medo da castração. O autocegamento do criminoso mítico, Édipo,

---

[47] A expressão, muito antiga, encontra-se já na Bíblia: "Guarda-me como à menina do olho" (Sl 17:8) [N.T.].

não passa de uma atenuação da pena de castração que lhe seria a única apropriada segundo a Lei de Talião. No modo de pensar racionalista, pode-se tentar recusar a redução do medo em relação aos olhos ao medo da castração; considera-se plausível que um órgão tão precioso como o olho seja espreitado por um medo respectivamente grande, e pode-se ainda alegar que nenhum segredo mais profundo nem nenhum outro significado dissimula-se por trás do medo da castração. Mas não estaremos sendo justos com a relação de substituição que se exprime — no sonho, na fantasia e no mito — entre olho e membro masculino; e não podemos contradizer a impressão de que um sentimento particularmente forte e sombrio ergue-se precisamente contra a ameaça de perder o membro sexual,[48] e que esse sentimento é o que faz reverberar a ideia da perda de outros órgãos. Qualquer outra dúvida se esvai quando ficamos sabendo dos detalhes do "complexo de castração" a partir das análises dos neuróticos e tomamos conhecimento do enorme papel que ele desempenha em suas vidas anímicas.

Ademais, desaconselharia qualquer opositor da concepção psicanalítica a recorrer ao conto hoffmanniano do "Homem da Areia" para asseverar que o medo em relação aos olhos seria algo que independe do complexo de castração. Afinal, por que esse medo é relacionado, o mais intimamente, à morte do pai? Por que o Homem da Areia sempre aparece como aquele que estorva o amor? Ele faz o desafortunado

---

[48] No manuscrito freudiano (p. 11) consta o termo "pênis", e não "membro sexual", como na versão publicada [N.T.].

estudante se ver dividido entre a sua noiva e o irmão dela, que é o seu melhor amigo; aniquila o seu segundo objeto de amor, a bela boneca Olímpia; e, quando ele está prestes a consumar a afortunada união com Clara, que ele havia reconquistado, compele-o ao suicídio. Esses e muitos outros traços da narrativa parecem arbitrários e desprovidos de qualquer significado se recusamos o vínculo do medo em relação aos olhos com a castração, tornando-se carregados de sentido assim que o Homem da Areia é designado como o temido pai — do qual se espera a castração.[49]

---

49 O fato é que o trabalho fantasístico do escritor não revolveu tão ferozmente os elementos do material que não fosse possível restaurar o seu arranjo original. Na história infantil, o pai e Coppelius figuram a imago paterna decomposta pela ambivalência em dois opostos: um ameaça com o cegamento (castração); o outro, o pai bom, suplica pelos olhos do filho. A porção do complexo mais fortemente atingida pelo recalcamento (o desejo de morte contra o pai mau) encontra sua figuração na morte do pai bom, pela qual Coppelius será incriminado. A esse par paterno correspondem, na posterior história de vida do estudante, o professor Spalanzani e o óptico Coppola: o professor, em si, uma figura da série paterna; Coppola, reconhecido como idêntico ao advogado Coppelius. Assim como naquele momento trabalharam juntos no misterioso fogareiro, agora fabricaram conjuntamente a boneca Olímpia; "o professor" significa também "o pai de Olímpia". Por essa dupla comunhão, eles se denunciam como cisões da imago paterna, isto é, o mecânico e o óptico são tanto o pai de Olímpia quanto o de Nataniel. Na espantosa cena da infância, Coppelius, depois de ter abdicado do cegamento do garoto, desatarraxou-lhe braços e pernas como que num experimento, ou seja, trabalhou com ele feito um mecânico com um boneco. Esse traço particular, que sai totalmente do enquadramento da representação do Homem da Areia, coloca em jogo um novo equivalente da castração; mas também exibe a identidade íntima de Coppelius com seu posterior oponente, o mecânico Spalanzani, e nos prepara para a interpretação de Olímpia. Essa boneca automática não pode ser outra coisa a não ser a materialização da postura afeminada de Nataniel para com seu pai na tenra infância. Os pais dela (Spalanzani e Coppola) não passam de novas edições,

O incômodo

Ousaríamos aqui, portanto, remontar o incômodo causado pelo Homem da Areia ao medo do complexo infantil de castração. Mas assim como surge a ideia de reivindicar tal elemento infantil como a gênese do sentimento incômodo, somos também levados a procurar considerar a mesma derivação para outros exemplos do incômodo. No Homem da Areia também se encontra o mote, salientado por Jentsch, da boneca que parece ter vida própria. Segundo o autor, uma condição particularmente favorável à produção de sentimentos incômodos é quando uma insegurança intelectual a respeito de algo ser animado ou inanimado é despertada, e quando o inanimado leva longe demais a sua similaridade com o vivo. Mas é claro que, justamente com as bonecas, não estamos muito distantes do infantil. Bem lembramos que, ao

---

reencarnações, do par paterno de Nataniel. A até então incompreensível declaração de Spalanzani — de que o óptico roubara os olhos de Nataniel para colocar na boneca (ver acima) — ganha, assim, o seu significado como prova da identidade entre Olímpia e Nataniel. Olímpia é, por assim dizer, um complexo desprendido de Nataniel; complexo que o confronta como pessoa. A dominação exercida por esse complexo encontra a sua expressão no amor insensatamente obsessivo por Olímpia. Temos o direito de chamar esse amor de "narcísico", e de compreender que quem a ele se entrega alheia-se do real objeto de amor. Mas o quão psicologicamente correto seria dizer que o jovem, fixado ao pai pelo complexo de castração, torna-se incapaz de amar uma mulher é algo apontado por diversas análises de doentes — cujo conteúdo, embora menos fantástico, não é menos infeliz que a história do estudante Nataniel.

E. T. A. Hoffmann era filho de um casamento infeliz. Quando tinha 3 anos de idade, seu pai se separou da pequena família e nunca mais viveu junto deles. De acordo com as atestações fornecidas por E. Grisebach na introdução biográfica às obras de Hoffmann, a relação com o pai sempre foi um dos pontos mais nevrálgicos da vida emocional do escritor.

brincar, a criança em tenra idade geralmente não distingue nitidamente entre o animado e o inanimado; e que ela gosta de tratar a sua boneca, em particular, como um ser vivo. De tempos em tempos, ouvimos alguma paciente relatar que aos 8 anos de idade ainda tinha a convicção de que, caso olhasse para as suas bonecas de um certo modo, o mais penetrantemente possível, elas acabariam ganhando vida própria. Aqui também, portanto, o elemento infantil é de fácil comprovação; porém, curiosamente, no caso do Homem da Areia tratava-se do despertar de um antigo medo infantil, e no da boneca viva não se fala em medo: a criança não temia a vivificação de suas bonecas, quiçá até a desejasse. Portanto, a fonte do sentimento incômodo não seria, nesse caso, um medo infantil, mas um desejo infantil ou tão somente uma crença infantil. Parece uma contradição, mas é bem possível que seja só uma diversidade que, mais tarde, poderá ser proveitosa à nossa compreensão.

E. T. A. Hoffmann é o imbatível mestre do incômodo na literatura. O seu romance *Os elixires do diabo* exibe todo um conjunto de motes aos quais se poderia atribuir o efeito incômodo da história.[50] O conteúdo do romance é profuso e intricado demais para que se pudesse ousar extrair dele um

---

50 Vale lembrar que Freud, utilizando a rubrica "S. F.", escreve nesse mesmo ano uma breve nota a respeito do referido romance. Trata-se de "E. T. A. Hoffmann über die Bewusstseinsfunktion", *Internationalen Zeitschrift für Psychoanalyse*, 5, 1919, p. 308. Cf. Freud, S. (1919/2010). E. T. A. Hoffmann e a função da consciência. In *História de uma neurose infantil, Além do princípio do prazer e outros textos* (p. 396, P. C. de Souza, trad.) (Obras completas, Vol. 14). São Paulo: Companhia das Letras, p. 396 [N.T.].

excerto. Ao final do livro, quando as premissas do enredo até então sonegadas ao leitor são aditadas, o resultado não é o esclarecimento do leitor, e sim a sua mais completa confusão. O escritor amontoou um excesso de elementos semelhantes; a impressão do todo não sofre com isso, mas a compreensão, sim. É preciso contentar-se em ressaltar os motes que mais se destacam dentre aqueles que possuem efeito incômodo a fim de investigar se, no caso deles, também é admissível uma derivação a partir de fontes infantis. Eis aí a duplicização em todos os seus desdobramentos e modulações, ou seja: a entrada em cena de pessoas que, por terem a mesma aparência, hão de ser consideradas idênticas; a intensificação dessa relação por meio do salto de processos anímicos de uma dessas pessoas para a outra (o que chamaríamos de telepatia),[51] de

---

51 Deve-se a criação do termo "telepatia" a Frederic Myers (1843-1901), ensaísta e poeta britânico que dedicou parte da vida às investigações realizadas na Sociedade de Pesquisas Psíquicas, a qual ele ajudou a fundar no Reino Unido em 1882. Professor em Cambridge até 1865, interessaram-lhe o psiquismo humano e as atividades paranormais, sendo responsável por livros como *Human Personality and its Survival of Bodily Death* [*A personalidade humana e sua sobrevivência à morte corporal*], publicado postumamente em 1903 e editado no Brasil como *A personalidade humana* (trad. S. O. Freitas, São Paulo: Edigraf, 1971); e o primeiro estudo intensivo sobre aparições, intitulado *Phantasms of the Living* [*Os fantasmas dos vivos*] (London: Trübner and Co., 1886). Nos anos 1900, Freud já se interessava pela possibilidade da transferência de pensamentos, o que se pode constatar na correspondência com Sándor Ferenczi (1873-1933) a respeito desse tópico e de outros relacionados ao ocultismo; e também no fato de que, em 1911, o próprio Freud se torna membro honorário da referida sociedade fundada por Myers. No ano seguinte, ele contribui para os anais da instituição com o artigo em inglês intitulado "A Note on the Unconscious in Psycho-Analysis" ["Uma nota sobre o inconsciente em psico-análise"], publicado em 1913 em sua primeira versão ale-

modo que uma é copossuidora do saber, do sentir e do vivenciar da outra; a identificação com uma outra pessoa, de modo que ou se perde a confiança no próprio eu ou desloca-se o eu alheio para o lugar do seu próprio (ou seja: duplicação egoica, divisão egoica, permutação egoica); e, por fim, o constante retorno do mesmo — a repetição dos mesmos traços faciais, do mesmo caráter, das mesmas sinas, dos mesmos atos criminosos e até dos nomes por gerações a fio.

O mote do duplo recebeu uma apreciação pormenorizada num trabalho homônimo de O. Rank.[52] Nele são investiga-

---

mã, que será reeditada e terá sua terminologia atualizada em 1925. Com o final da Primeira Guerra, o interesse de Freud pelo ocultismo é reanimado, revelando-se uma espécie de escolha compulsória, tal como ele escreverá a Max Eitingon (1881-1943) em 4 de fevereiro de 1921: "Também me horrorizo diante da maçã azeda [o ocultismo], mas mordê-la será inevitável" (Schröter, M. (Org.). (2004). *Sigmund Freud — Max Eitingon Briefwechsel 1906-1939*. Tübingen: Diskord, pp. 239-240). Cf., a esse respeito, os seguintes textos de Freud: "Algumas observações sobre o conceito de inconsciente na psicanálise" (1912-25/2010). In *Observações psicanalíticas sobre um caso de paranoia relatado em autobiografia, Artigos sobre técnica e outros textos* (pp. 255-267, P. C. de Souza, trad.) (Obras completas, Vol. 10). São Paulo: Companhia das Letras; "Psicanálise e telepatia" (1921/2011) e "Sonho e telepatia" (1922/2011). In *Psicologia das massas e análise do eu e outros textos* (pp. 150-173; pp. 174-208, P. C. de Souza, trad.) (Obras completas, Vol. 15). São Paulo: Companhia das Letras. Cf. também: Moreau, C. (1976). *Freud et l'occultisme: l'approche freudienne du spiritisme, de la divination, de la magie et de la télépathie*. Paris: Privat [N.T.].

52 Rank, O. (1914). Der Doppelgänger. *Imago*, 3(2), 97-164 ([N.T.]: Esse trabalho de Rank seria ampliado e publicado como livro em 1925: *Der Doppelgänger: eine Psychoanalytische Studie*. Em português brasileiro: Rank, O. (1925/2013). *O duplo: um estudo psicanalítico* (E. F. Schultz, trad.). Porto Alegre: Dublinense. A invenção do termo *Doppelgänger* é atribuída a Paul Richter (1763-1825) em sua novela conhecida como *Siebenkäs*, publicada em 1796.)

das as relações do duplo com a imagem especular e a imagem da sombra, com o espírito protetor, com a doutrina das almas e com o temor da morte; mas a surpreendente história do desenvolvimento desse mote também é vista ali sob uma luz resplandecente. Afinal, o duplo era originalmente uma garantia contra o declínio do eu, uma "enérgica renegação do poder da morte" (O. Rank),[53] e provavelmente o primeiro duplo do corpo foi a alma "imortal".[54] O gesto de criar uma tal duplicação para defender-se do aniquilamento tem a sua contraparte numa figuração da linguagem onírica, que adora expressar a castração por meio da duplicação ou da replicação do símbolo genital; ela se torna, na cultura dos antigos egípcios, um impulso para a arte de moldar a imagem do falecido em material durável. Mas essas representações tiveram origem no terreno de um amor-próprio incondicional; do narcisismo primário que domina a vida anímica da criança, tal como domina a do primitivo. E com a superação dessa fase o sinal do duplo se inverte e, de um garantidor da sobrevivência, ele se torna o incômodo prenunciador da morte.

A representação do duplo não precisa sucumbir com esse narcisismo primevo; isso porque ela pode ganhar conteúdo novo a partir das etapas posteriores do desenvolvimento do

---

[53] Embora Freud redija o trecho entre aspas, a citação não é literal. No original de Rank (1914, p. 163) está escrito que "a crença primitiva na alma não é originalmente outra coisa que não uma espécie de crença na imortalidade, a qual renega energicamente o poder da morte" [N.T.].

[54] Cf. Rank, O. (1925/2013). *O duplo: um estudo psicanalítico* (E. F. Schultz, trad.). Porto Alegre: Dublinense, pp. 117-142 [N.T.].

eu. No eu se vai erigindo lentamente uma instância particular que pode se opor ao restante do eu; ela serve à introspecção e à autocrítica, realiza o trabalho da censura psíquica e torna-se conhecida pela nossa consciência como "consciência moral". No caso patológico de loucura atencional,[55] ela fica isolada, apartada do eu, perceptível ao médico. O fato de haver uma instância como essa, que pode tratar o restante do eu como um objeto — ou seja, o fato de que o ser humano é capaz de observar a si mesmo —, possibilita preencher com conteúdo novo a velha ideia do duplo e a ela atribuir uma série de coisas, mormente tudo o que, à nossa autocrítica, parece pertencer ao velho e superado narcisismo do princípio.[56]

Porém, não é somente esse conteúdo ofensivo à crítica egoica que pode ser incorporado ao duplo, mas também todas as possibilidades de configuração do destino que não se efetuaram e às quais a fantasia ainda quer se agarrar, e todas as tendências egoicas que não conseguiram se impor devido

---

[55] Conforme o *Klinisches Wörterbuch* [*Dicionário clínico*] de Otto Dornblüth, em sua edição de 1927, a loucura atencional, "muitas vezes precursora da paranoia e de outras psicoses graves, mas também presente nas psiconeuroses, é a representação patológica de ser alvo de atenção" [N.T.].

[56] Creio que, quando os escritores se queixam de que duas almas habitam o peito humano, e quando a psicologia popular fala da cisão do eu na pessoa, o que têm em mente é essa divisão — atinente à psicologia do eu — entre a instância crítica e o resto egoico, e não a oposicionalidade — descoberta pela psicanálise — entre o eu e o recalcado inconsciente. Contudo, essa diferença se dilui pelo fato de que, em meio ao que foi foracluído pela crítica egoica, encontram-se, em primeiro lugar, os derivados do recalcado. ([N.T.]: A referência às duas almas num só peito ecoa o *Fausto* de Goethe: "Vivem-me duas almas, ah!, no peito", p. 119, trad. modificada; cf. referências bibliográficas.)

a condições externas desfavoráveis, bem como todas as deliberações reprimidas que a ilusão do livre-arbítrio acabou rendendo.[57]

Mas, tendo assim considerado a motivação manifesta da figura do duplo, devemos dizer a nós mesmos: nada disso faz com que o grau extraordinariamente alto de incomodidade nele envolvido nos seja compreensível; e, a partir do nosso conhecimento dos processos anímicos patológicos, podemos acrescentar que nada desse conteúdo poderia esclarecer o empenho defensivo que o projeta para fora do eu como algo estranho. O caráter do incômodo só pode emanar, pois, do fato de que o duplo é uma formação atinente aos primórdios anímicos superados — que, à época, certamente tinha um sentido mais amistoso. O duplo tornou-se uma imagem aterradora, assim como os deuses tornam-se demônios após a queda de sua religião.[58]

---

57 Na ficção de H. H. Ewers, *Der Student von Prag*, da qual o estudo rankiano sobre o duplo parte, o herói prometeu à amada não matar seu adversário no duelo. Mas, a caminho do lugar em que o duelo ocorreria, encontra o duplo, que já havia executado o rival. ([N.T.]: *O estudante de Praga* — cujo roteiro foi escrito por Hanns H. Ewers (1871-1943), com direção de Paul Wegener (1874-1948) e Stellan Rye (1880-1914) — é considerado o primeiro filme de arte produzido na Alemanha, tendo sido lançado em 1913.)

58 Cf. Heine, H. (1853/2000). *Os deuses no exílio* (M. Suzuki, trad.). São Paulo: Iluminuras ([N.T.] Reik escreverá um livro em que tratará do assunto e fará referência a este ensaio de Freud, com o qual colaborou (ver n. 4). Trata-se de *Der eigene und der fremde Gott* [*O deus próprio e o alheio*], publicado em 1923.)

Os outros distúrbios egoicos utilizados em Hoffmann são fáceis de ajuizar tomando o mote do duplo como modelo.[59] Trata-se, neles, de um recurso a fases pontuais na história do desenvolvimento do senso egoico; de uma regressão a tempos em que o eu ainda não se havia delimitado nitidamente do mundo exterior e do outro. Acredito que, em parte, esses motes são responsáveis pela impressão do incômodo, ainda que não seja fácil referir isoladamente a parcela de cada um deles nessa impressão.

O fator da repetição de elementos semelhantes talvez não seja reconhecido por todos como fonte do sentimento incômodo. De acordo com minhas observações, sob certas condições e em combinação com certas circunstâncias, isso evoca indubitavelmente um sentimento como esse — o que, além do mais, lembra o desamparo de alguns estados oníricos. Tempos atrás, numa tarde quente de verão, perambulando pelas ruas desconhecidas e desertas de uma cidadezinha italiana,[60]

---

[59] Vale lembrar que "Die Doppelgänger" ["Os duplos"] é o título de um conto escrito por Hoffmann em 1821. Cf. referências bibliográficas, na edição de Grisebach, Vol. 14 [N.T.].

[60] Laurence Simmons afirma se tratar de Trieste, cidadezinha em que Freud passou duas temporadas dissecando enguias no âmbito de uma pesquisa sobre o aparelho reprodutor desses animais. Ele havia estado lá quatro vezes, mas apenas uma delas no verão (setembro de 1876). Porém, como propõe Diego A. Penha, seria possível inferir que a pequena cidade fosse a labiríntica Florença, para onde Freud havia ido mais de vinte anos antes da escrita do ensaio; cidade que tinha perto de 200 mil habitantes na época, em comparação com os 1,5 milhão que moravam em Viena, e equivalia a um quarto da área da capital austríaca. Já casado e de viagem pela Itália em 1896 — ano em que havia empregado pela primeira vez o termo "psicanálise" para nomear sua invenção —, Freud enviou um postal para Martha,

fui parar em uma região cujo caráter logo deixaria de me ser duvidoso. Só se viam mulheres com maquiagem nas janelas das casinhas, e apressei-me para deixar a viela dobrando a primeira esquina. Mas, depois de algum tempo a zanzar sem direção, encontrei-me de novo subitamente na mesma rua, na qual passei a suscitar olhares; e a pressa em me afastar dali

---

já da cidade, no dia 4 de setembro. No dia seguinte, embasbacado com o local, relatou-lhe em carta ser ali um lugar incrível; porém, naquele mesmo dia, endereçou-lhe também um postal dizendo que as pessoas da cidade eram "desavergonhadas e enganadoras". No dia 7, redigiu outra carta à esposa, contando que a beleza de Florença era uma mera fachada, por trás da qual se escondia uma cidade infernalmente opressora; então confessou que não suportava mais e que iria se hospedar fora dali, na Torre del Gallo: edifício onde Galileu teria morado e observado o céu por anos a fio. É digno de nota o fato de que, à época, era ali que se encontravam o telescópio e as lentes do cientista, que ficavam expostos para o deleite dos visitantes. Alguns meses depois, em 6 de dezembro (a célebre "Carta 52"), Freud escreveu a Wilhelm Fliess (1858-1928): "Acabo de enfeitar minha sala com cópias em gesso de estátuas florentinas. Foi uma fonte de extraordinário revigoramento para mim; estou pensando em ficar rico para poder repetir essas viagens. Um congresso em solo italiano! (Nápoles, Pompeia)" — mas não Florença, diga-se de passagem. Seja como for, a Itália despertava em Freud algo digno de nota, como denuncia a passagem de *A interpretação dos sonhos* em que ele ressalta o paralelismo entre *gen Italien* [à Itália, em alemão antigo] e *Genitalien* [genitais]. Cf. Simmons, L. (2006). *Freud's Italian Journey*. Amsterdam: Rodopi; Gandolfi, L. (2010). Freud in Trieste: journey to an ambiguous city. *Psychoanalysis and History, 12*(2), 129-151; Amaral Penha, D. (2021). *Faces do horror em Freud: palavras, gestos e imagens* (Tese de doutorado). São Paulo. Instituto de Psicologia, Universidade de São Paulo; Tögel, C. (Org.). (2014). *Cartas de Freud a sua filha: correspondência de viagem* (C. Abeling, trad.). Barueri: Amarilys, pp. 61-ss.; Masson, J. M. (Org.). (1986). *A correspondência completa de Sigmund Freud para Wilhelm Fliess* (V. Ribeiro, trad.). Rio de Janeiro: Imago, p. 215, trad. modificada; Freud, S. ([1899]1900/2019). *A interpretação dos sonhos* (P. C. de Souza, trad.) (Obras completas, Vol. 4). São Paulo: Companhia das Letras, p. 275 [N.T.].

teve como única consequência o fato de, por um novo desvio, eu acabar indo parar, pela terceira vez, no mesmo local de antes. Em seguida, porém, fui capturado por um sentimento que só posso qualificar como incômodo, e fiquei feliz quando, ao desistir de maiores expedições, tornei a encontrar a *piazza*[61] que há pouco havia deixado. Situações outras — que têm o retorno não intencional em comum com a que acaba de ser descrita, mas dela se distinguem profundamente noutros aspectos — resultam, ainda assim, no mesmo sentimento de desamparo e incomodidade. Quando, por exemplo, surpreendido por algo como um nevoeiro, alguém se perde na mata fechada, e então, apesar de todos os esforços para encontrar um caminho demarcado ou conhecido, retorna a um mesmo local caracterizado por uma determinada formação geológica ou vegetal. Ou quando ficamos dando voltas num cômodo desconhecido, às escuras, procurando pela porta ou pelo interruptor e topamos, pela enésima vez, no mesmo móvel — algo que Mark Twain, todavia, exagerando de modo grotesco, transformou numa situação irresistivelmente cômica.[62]

Numa outra série de experiências também reconhecemos, sem o mínimo esforço, que é somente o fator da repetição não intencional que torna incômodo aquilo que habitualmente seria inofensivo, acabando por nos impor a ideia de algo fatal ou inescapável onde, caso contrário, teríamos falado apenas

---

61 Do italiano, "praça" [N.T.].

62 Trata-se do capítulo "My long crawl in the dark" ["O meu longo rastejo no escuro"], do livro *A Tramp Abroad* [*Um vagamundo*], publicado em 1880. Cf. referências bibliográficas [N.T.].

em "acaso". Por exemplo, é por certo um fato bastante indiferente receber, em troca das peças de roupa deixadas numa chapelaria, um bilhete com determinado número — digamos, 62 —, ou descobrir que esse é o número da cabine do navio em que se foi alocado. Mas essa impressão muda se ambos os acontecimentos, em si mesmos indiferentes, aproximam-se um do outro, com o número 62 aparecendo várias vezes no mesmo dia para alguém; e se por ventura sucede observar, em seguida, que tudo o que contém uma indicação numérica — endereços, quartos de hotel, vagões de trem e afins — traz em si repetidas vezes o mesmo número, pelo menos em parte. A pessoa acha isso "incômodo", e quem não for completamente imune às tentações da superstição se verá inclinado a atribuir um sentido oculto a esse obstinado retorno do tal número — para nele ver, por exemplo, a referência a uma determinada idade.[63] Ou quando a pessoa está ocupada precisamente

---

[63] Freud, que nasceu em 1856, estava com 62 anos no período de 1919 em que começou a escrever este ensaio. Mas o número 60, em conjunção com os algarismos 1 ou 2, guarda ainda outros segredos, pois essa situação em que ele se replica aconteceu, de fato, quando o autor viajou com o irmão para a Grécia, em 1904 — viagem que lhe renderia o texto sobre a experiência de desrealização na Acrópole. Antes disso, por algum pendor numerológico que compartilhava com Fliess, Freud acreditou por um tempo que não passaria dos 51. Porém, quando isso não aconteceu, teve certeza de que a morte lhe viria aos 61 ou 62, e isso devido a dois eventos concomitantes: a publicação de *A interpretação dos sonhos* ("a obra de minha vida", segundo ele) e o recebimento de um novo número de telefone: 14362. Como tinha 43 anos na época, sobravam os dígitos 6, 1 e 2, que, a partir de uma curiosa lógica relatada a Jung em 16 de abril de 1909, só poderiam denotar a idade com a qual viria a falecer. Quando a previsão falhou novamente, Freud passou a crer que morreria aos 81, a mesma idade que o pai — algo que, aliás, tampouco veio a se

com o estudo dos escritos do grande fisiologista E. Hering,[64] e então, com poucos dias de intervalo, recebe cartas de duas outras pessoas com esse sobrenome, de países diferentes, sendo que até então nunca havia tido qualquer contato com ninguém que possuísse esse nome de família.[65] Recentemente um engenhoso naturalista fez a tentativa de subordinar eventos dessa espécie a certas leis, o que deveria relevar a impressão

---

confirmar. Cf. Freud, S. (1936/2010). Um distúrbio de memória na Acrópole. In *O mal-estar na civilização, Novas conferências introdutórias à psicanálise e outros textos* (pp. 436-450, P. C. de Souza, trad.) (Obras completas, Vol. 18). São Paulo: Companhia das Letras; Masson, J. M. (Org.). (1986). *A correspondência completa de Sigmund Freud para Wilhelm Fliess* (V. Ribeiro, trad.). Rio de Janeiro: Imago, pp. 85, 199; McGuire, W. (Org.). (1993). *Freud/Jung: correspondência completa* (2a ed., L. Fróes; E. A. M. de Souza, trad.). Rio de Janeiro: Imago, p. 270 [N.T.].

64 Ewald Hering (1834-1918), mentor de Josef Breuer (1842-1925), havia sido professor de Freud em Viena, quando propôs a ele que se tornasse seu assistente em Praga. Somando-se ao eixo em torno do qual orbita o ensaio freudiano, cumpre notar o fato de que Hering ficou conhecido sobretudo por seus trabalhos a respeito da visão: movimentos oculares, visão binocular, teoria das cores, hiperacuidade, ilusão de ótica. Cf. Smith, D. L. (2013). *Freud's Philosophy of the Unconscious*. Dordrecht: Kluwer Academic [N.T.].

65 Sabe-se que, dali a alguns meses, no final de setembro de 1919, Freud começará a atender Julius Hering (ou Heryng), que era polonês. Além disso, constam em sua correspondência dois outros possíveis interlocutores estrangeiros: Helene Hering (Alemanha), a quem endereçará uma carta em 1931, e um senhor de sobrenome Herring (Inglaterra), a cujo desejo de boas-vindas Freud, recém-imigrado, agradece em 1938. Cf. May, U. (2008). Nineteen Patients in Analysis with Freud (1910-1920). *American Imago*, 65(1), Genuinely New Light on Freud, 41-105. Cf. também "Hering, Helene, 1931" e "Herring, Mr. [?], 1938": Freud, S. *Sigmund Freud Papers: General Correspondence, 1871-1996. Manuscript/Mixed Material*. Recuperados respectivamente de www.loc.gov/item/mss3999000743 e www.loc.gov/item/mss3999000745 [N.T.].

de incômodo. Não me atrevo a dar o veredito quanto ao seu sucesso.[66]

Aqui só posso insinuar a forma como o incômodo causado pelo retorno do semelhante deriva da vida anímica infantil, algo que terei de deixar para uma exposição minuciosa que será disponibilizada noutro contexto.[67] O fato é que, no plano inconsciente da alma, é possível reconhecer o domínio de uma *compulsão à repetição* oriunda das moções pulsionais: compulsão que provavelmente depende da mais íntima natureza das próprias pulsões; que é forte o suficiente para evadir o princípio de prazer; que confere o caráter demoníaco a certas facetas da vida anímica, e que se manifesta, muito nitidamente, nas tendências da criança pequena e domina uma parte do percurso de análise do neurótico. Tendo em vista todas as discussões acima, estamos preparados para o fato de que aquilo que é capaz de nos lembrar dessa compulsão interna à repetição é também o que será sentido como incômodo.

Mas agora, penso eu, é hora de nos afastarmos dessas conjunturas difíceis de ajuizar, afinal, e prospectar casos de incô-

---

66 Kammerer, P. (1919). *Das Gesetz der Serie.* Viena ([N.T.]: Embora Freud faça referência ao livro como uma publicação vienense, foi na Alemanha que Paul Kammerer (1880-1926) publicou esse trabalho, cujo título completo é *A lei da série: uma doutrina sobre a repetição nos acontecimentos da vida e do mundo.* Cf. referências bibliográficas.)

67 A referência, aqui, é à obra *Além do princípio de prazer,* cujo primeiro manuscrito estava sendo redigido nesse mesmo período. Cf. Freud, S. (1919-20/2020). *Além do princípio de prazer [Jenseits des Lustprinzips]* (M. R. Salzano Moraes, trad.) (Obras incompletas de Sigmund Freud). Belo Horizonte: Autêntica, pp. 57-205 [N.T.].

modo que sejam indubitáveis e de cuja análise é lícito esperar o veredito final a respeito da validade de nossa suposição.

Em "O anel de Polícrates", o visitante horroriza-se, pois nota que cada desejo do amigo é logo satisfeito; que cada uma de suas preocupações com o destino é, sem demora, eliminada.[68] O anfitrião tornara-se "incômodo" para ele. A informação que ele próprio fornece, de que o demasiadamente afortunado tem de temer a inveja dos deuses, ainda nos parece opaca — o seu sentido encontra-se velado mitologicamente. Tomemos, por isso, um outro exemplo de conjunturas muito mais singelas. No histórico do caso de um neurótico obsessivo,[69] eu havia relatado que certa vez esse doente passara uma temporada numa estância hidroterápica, tendo com isso uma grande melhora. Mas ele foi sagaz o suficiente para atribuir esse sucesso não ao poder curativo da água, e sim à localização de seu quarto, imediatamente contíguo aos aposentos de uma adorável enfermeira. Posteriormente, por ocasião de uma segunda temporada nessa mesma estância, solicitou de novo o mesmo quarto; po-

---

68 "O imenso êxito de Polícrates não passou despercebido a seu aliado Amásis, rei do Egito; ao contrário, tornou-se motivo de preocupação para ele. Como a prosperidade de Polícrates continuava a aumentar ainda mais, Amásis enviou a Samos uma carta: [...] *É agradável tomar conhecimento dos sucessos de um homem amigo e hospitaleiro, mas a mim não agrada a tua grande prosperidade, pois sei o quanto os deuses são invejosos*". Cf. referências bibliográficas, "O anel de Polícrates", p. 14. Cf. também o poema de Schiller, "Der Ring des Polykrates", grande responsável pela circulação da história no universo de língua alemã. [N.T.].

69 Freud, S. (1909/2013). Observações sobre um caso de neurose obsessiva. In *Observações sobre um caso de neurose obsessiva, uma recordação de infância de Leonardo da Vinci e outros textos* (pp. 13-112, P. C. de Souza, trad.) (Obras completas, Vol. 9). São Paulo: Companhia das Letras.

rém, tendo de ouvir que ele já estaria ocupado por um senhor de idade, expressou o seu descontentamento com as seguintes palavras: "Tomara que tenha um piripaque". Catorze dias depois, o senhor de idade veio realmente a sofrer um derrame. Para o meu paciente, essa foi uma vivência "incômoda". A impressão do incômodo teria sido ainda mais forte se houvesse passado um tempo muito mais curto entre esse comentário e o infortúnio, ou se o paciente tivesse podido relatar um grande número de vivências muito similares. De fato, não se acanhava em confirmar tudo aquilo, e não era assim só com ele: todos os neuróticos obsessivos que estudei eram capazes de contar histórias análogas sobre si mesmos. Encontravam regularmente justo a pessoa na qual — mesmo após um longo intervalo de tempo — eles haviam pensado, e isso em nada os surpreendia; costumavam receber regularmente pela manhã uma carta de um amigo de quem haviam falado, na noite anterior, "Faz tempo que não temos notícias de fulano"; e, em particular, casos de acidente ou morte raramente advinham sem que lhes tivessem passado antes pela cabeça. Costumavam expressar esses fatos da maneira mais modesta, alegando terem "pressentimentos" que "na maioria das vezes" se confirmavam.

Uma das formas mais incômodas e difundidas da superstição é o medo do "mau-olhado", que foi objeto de um meticuloso tratado da autoria do oftalmologista hamburguês S. Seligmann.[70] A fonte da qual esse medo se nutre parece nunca ter

---

[70] Seligmann, S. (1910-1911). *Der böse Blick und Verwandtes* [*O mau-olhado e análogos*], 2 vols. Berlin: Hermann Barsdorf.

sido ignorada. Quem possui algo precioso, mas frágil, teme a inveja dos outros, ao mesmo tempo que neles projeta essa sensação de inveja que, no caso inverso, ele próprio teria tido. Moções como essa são denunciadas pelo olhar, ainda que não se as expresse em palavras. E se alguém sobressai aos outros por características chamativas de tipo particularmente indesejável, acreditamos que a sua inveja irá atingir uma força particular e, em seguida, converter essa força em efeito. Ou seja, temos uma intenção secreta de prejudicar e supomos, por certos indícios, que essa intenção também tem o poder ao seu alcance.

Os últimos exemplos de incômodo mencionados dependem do princípio que eu, incentivado por um paciente, denominei "onipotência dos pensamentos".[71] Não podemos mais negar o terreno em que nos encontramos. A análise dos casos de incômodo nos fez remontar à antiga concepção de mundo do *animismo*,[72] que se caracterizava por preencher o

---

71 Trata-se do advogado vienense Ernst Lanzer (1878-1914), o "Homem dos Ratos", que havia estado em análise com Freud entre 1907 e 1908. Cf. Freud, S. (1909/2013). Observações sobre um caso de neurose obsessiva. In *Observações sobre um caso de neurose obsessiva, uma recordação de infância de Leonardo da Vinci e outros textos* (pp. 13-112, P. C. de Souza, trad.) (Obras completas, Vol. 9). São Paulo: Companhia das Letras [N.T.].

72 Edward Tylor (1832-1917), antropólogo londrino, havia introduzido o conceito de *animismo* no estudo do fenômeno religioso algumas décadas antes, em 1871. Com esse conceito, o autor afirma a ideia de que, para o homem primitivo, tudo era dotado de uma alma; e de que a experiência dessa alma, que se tem por meio do sonho, estaria na origem da crença religiosa. No entanto, o termo *Animismus* remonta ao século XVIII no universo de língua alemã, tendo sido cunhado em 1720 pelo médico e químico alemão Georg Stahl (1659-1734), designando, com base no conceito de *anima mundi* [alma do mundo], a doutrina de que a vida

mundo com espíritos humanos; por superestimar narcisicamente os processos anímicos próprios; pela onipotência dos pensamentos e pela técnica mágica nela baseada; por atribuir, a pessoas e coisas estranhas, poderes mágicos esmeradamente escalonados (*mana*);[73] bem como por todas as criações com as quais o narcisismo irrestrito desse período do desenvolvimento insurge contra a inegável objeção da realidade. Parece que, em nosso desenvolvimento individual, todos passamos por uma fase correspondente a esse animismo dos primitivos, a qual não se encerrou em nenhum de nós sem deixar restos e vestígios ainda capazes de se tornar manifestos; e que tudo aquilo que hoje nos parece "incômodo" satisfaz a condição de tocar nesses restos de atividade animista da alma e de incitá-los a se manifestarem.[74]

---

animal é produzida por uma alma imaterial. Cf. Tylor, E. B. (1871/2010). *Primitive Culture: Researches into the Development of Mythology, Philosophy, Religion, Art, and Custom*. Cambridge: Cambridge University Press; King, L. (1964). Stahl and Hoffmann: a Study in Eighteenth Century Animism. *Journal of the History of Medicine and Allied Sciences*, *19*(2), 118-130 [N.T.].

73 Robert Marett (1866-1943), etnólogo britânico que sucedeu Tylor em Oxford, entendia que na origem da religião animista estaria a experiência de uma força impessoal, por ele chamada de *mana* — conceito retirado das línguas polinésias e melanésias para designar um princípio de potência ou de eficácia atribuído a uma pessoa, um objeto ou um espaço. Em tempo, Marett entendia que *mana* era a contraparte positiva daquilo que ele pensava como "mágica negativa", a saber, o *tabu*. Cf. Marett, R. R. (1908/1914). The Conception of Mana. In *The Threshold of Religion* (3a ed., pp. 99-121). London: Methuen; cf. também: Marett, R. R. (1907, Oct. 2). Is Taboo a Negative Magic?. In H. Balfour et al., *Anthropological Essays Presented to Edward Burnett Tylor in Honour of his 75th Birthday* (pp. 219-234). Oxford: Clarendon Press [N.T.].

74 Cf., a esse respeito, a Seção III, "Animismo, magia e onipotência dos pensa-

Agora, cabem aqui duas observações em que eu gostaria de registrar o conteúdo essencial desta pequena investigação. Primeiramente, se a teoria psicanalítica está correta ao afirmar que todo afeto de uma emoção, independentemente do tipo, é metamorfoseado em medo por meio do recalcamento, então deve haver um grupo, entre os casos do que é medonho, no qual se possa mostrar que, ali, medonho é algo do recalcado que retorna. Esse algo medonho seria justamente o incômodo e, portanto, há de ser indiferente se isso era originalmente algo que causava medo ou era sustentado por outro afeto. Em segundo lugar, se essa é realmente a natureza secreta do incômodo, então compreendemos que o uso linguístico faça o cômodo transicionar para o seu oposto, o incômodo,[75] já que esse incômodo não é realmente nada de novo ou alheio, e sim algo familiar à vida anímica desde tempos imemoriais, que dela apenas foi alienado pelo processo do recalcamento. A relação com o recalque agora também nos ilumina a definição schellinguiana[76] de que o incômodo é algo que deveria ter permanecido dissimulado e veio à tona.

---

mentos" em nosso livro *Totem e tabu* (1913). Também ali, a seguinte consideração: "Parece que conferimos o caráter do 'incômodo' a essas impressões que acabam querendo confirmar a onipotência dos pensamentos e o modo de pensar animista, ao passo que já lhes demos as costas em nosso julgamento" (p. 137, n. 103). ([N.T.]: cf. referências bibliográficas, trad. modificada.)

75 Ver pp. 59-60 [N.T.].

76 No manuscrito freudiano (p. 23) há uma rasura: aqui Freud também havia trocado o nome de Schelling pelo de Schleiermacher, mas depois fez uma correção — diferentemente do que se nota na ocorrência anterior. Cf. p. 64, n. 34 [N.T.].

Agora só nos resta colocar à prova essa conclusão à qual chegamos, esclarecendo alguns outros casos do incômodo.

Para muitas pessoas, parece incômodo no mais alto grau aquilo que se relaciona com a morte, com cadáveres e com o retorno dos mortos, com espíritos e fantasmas. Até já ouvimos dizer que algumas línguas modernas não conseguem reproduzir a nossa expressão *"ein unheimliches Haus"*, a não ser por meio da seguinte paráfrase: uma casa em que há assombrações. Na verdade, poderíamos ter começado a nossa investigação com este que talvez seja o mais forte exemplo de incomodidade, mas não o fizemos porque aqui o incômodo está misturado demais com o horripilante e é, em parte, recoberto por ele.[77] Mas em praticamente nenhum outro âmbito o nosso pensar e o nosso sentir mudaram tão pouco desde os primórdios como em nossa relação com a morte, em que o antigo ficou tão bem preservado por debaixo de um mirrado forro. Dois fatores fornecem boas informações para essa estagnação: a força das nossas reações emocionais originárias e a insegurança do nosso conhecimento científico. Nossa biologia ainda não foi capaz de decidir se a morte é o destino necessário de todo ser vivo ou apenas um acaso regular, mas talvez evitável no interior da vida.[78] Embora desfile pelos manuais de lógica como modelo de uma asserção geral, a propo-

---

[77] Cf., por exemplo, a antologia de contos de terror cujas histórias se passam, precisamente, nos cômodos de uma casa mal-assombrada: S.A.L. (2020). *(In)cômodos: onde o mal habita*. Rio de Janeiro: Bibliomundi [N.T.].

[78] Salta aos olhos que, no texto que escrevia em paralelo, Freud afirme sem hesitação que "a meta de toda vida é a morte". Cf. Freud, S. (1919-20/2020). *Além do*

sição "todo homem há de morrer" não é clara para ninguém,[79] e o nosso inconsciente possui hoje tão pouco espaço para representar a própria mortalidade quanto possuía antes. As religiões ainda negam ao irrefragável fato da morte individual o seu significado e prosseguem com a afirmação de uma existência para além da vida; as autoridades do Estado entendem não ser capazes de manter a ordem moral entre os que estão vivos se for preciso renunciar à correção da vida terrena com a promessa de uma vida melhor no Além; nos postes de nossas cidades grandes, anunciam-se palestras que se pretendem a ensinar sobre como se pode entrar em contato com as almas dos falecidos; e não há como negar que um grande número das melhores cabeças e dos pensadores mais afiados entre os homens de ciência, especialmente no final de suas próprias vidas, julgou não faltarem possibilidades para travar contatos assim. Como, nesse ponto, quase todos nós ainda pensamos como os selvagens, também não é de surpreender que o medo primitivo da morte permaneça tão poderoso dentro de nós e esteja a postos para se manifestar tão logo algo vá em sua direção. Provavelmente ele ainda conserve o velho sentido de que o morto se tornara inimigo de quem vive, pretendendo levá-lo consigo como companheiro para a sua nova existên-

---

princípio de prazer [Jenseits des Lustprinzips] (M. R. Salzano Moraes, trad.) (Obras incompletas de Sigmund Freud). Belo Horizonte: Autêntica, p. 137 [N.T.].

[79] A expressão canônica no âmbito da lógica é "todo homem é mortal" [*alle Menschen sind sterblich*]. Freud utiliza aqui uma formulação diferente, na qual se podem reconhecer ecos da Bíblia (1 Cr 15:22) e que é título de um hino litúrgico do século XVII, eternizado no século seguinte em um prelúdio coral da autoria de J. S. Bach (1685-1750): "*alle Menschen müssen sterben*" (BWV 643) [N.T.].

cia. Mas, dado esse caráter imutável de nossa postura em relação à morte, conviria perguntar onde reside a condição do recalcamento que será requerida para que aquilo que é primitivo possa retornar como algo incômodo. O fato é que ela continua existindo: oficialmente, as pessoas ditas instruídas já não acreditam na materialização visual dos falecidos como almas; elas atrelaram as suas aparições a condições remotas e raramente concretizadas, e a postura emocional para com os mortos — que, na origem, é altamente ambígua e ambivalente — foi atenuada, para os estratos mais elevados da vida anímica, numa inequívoca reverência.[80]

Agora só é preciso fazer alguns poucos complementos, porque, com o animismo, a magia e a feitiçaria, a onipotência dos pensamentos, a relação com a morte, a repetição não intencional e o complexo de castração nós praticamente esgotamos o leque dos fatores que transformam aquilo que é medonho em algo incômodo.

Também dizemos que uma pessoa viva nos causa uma sensação incômoda, e precisamente quando acreditamos ser ela capaz de más intenções. Mas isso não basta; ainda temos de acrescentar que essas suas intenções de nos prejudicar serão realizadas com o auxílio de poderes especiais. O *jettatore*[81]

---

[80] Cf. "O tabu e a ambivalência", em: Freud, S. (1913/2012). *Totem e tabu, Contribuição à história do movimento psicanalítico e outros textos* (pp. 42-120, P. C. de Souza, trad.) (Obras completas, Vol. 11). São Paulo: Companhia das Letras.

[81] No original, Freud grafa *gettatore* — termo italiano que significa "arrojador"; em particular, aquele que arremessa uma arma (Cf. Alighieri, D. *O purgatório*, Canto III). O termo *iettatore*, por sua vez, passa a se referir mais precisamente à

é um bom exemplo disso: essa incômoda figura da crendice popular românica que Albrecht Schaeffer, com intuição poética e profundo entendimento psicanalítico, transformou em um simpático personagem no livro *Josef Montfort*.[82] Mas, tratando dessas forças ocultas, já estamos de volta ao terreno do animismo. O pressentimento dessas forças é o que faz Mefisto ser tão incômodo para a devota Gretchen:

> *Prevê que um gênio sou, até*
> *O próprio diabo, porventura.*[83]

As sensações incômodas causadas pela epilepsia e pela loucura têm a mesma origem. Aqui o leigo vê diante de si a manifestação de forças das quais não havia suspeitado em seu semelhante, mas cuja moção ele é capaz de perceber va-

---

iettatura, palavra de origem napolitana que, no referido dialeto, grafa-se com a letra jota e diz respeito à capacidade que alguns indivíduos ou animais possuem de causar, mesmo sem querer, uma influência nociva por meio do olhar. Adaptado ao português como "jetatura", é aqui sinônimo de "caiporismo", que evoca a crença tupi numa entidade associada à má sorte. Mais especificamente com relação ao olhar, a medicina popular brasileira conta com o conceito de "quebranto": o próprio mau-olhado ou o estado mórbido por ele produzido. Para uma elaboração narrativa sobre o tema, além de outros contos com motes sobrenaturais, cf. Balaio, A. (2018). *Quebranto*. São Paulo: Patuá [N.T.].

82 Pouco lido até hoje, Albrecht Schaeffer (1885-1950) havia publicado essa obra no ano anterior. Bastante próximo do autor ao longo de muitos anos, é a ele que Freud — que o chama de "meu poeta" — endereçará a última carta, três dias antes de sua morte. Cf. referências bibliográficas [N.T.].

83 Freud cita o trecho com algumas modificações. No original de Goethe (pp. 390-391 da edição brasileira): "Sente que um gênio sou, se não / O próprio diabo, porventura". Cf. referências bibliográficas [N.T.].

gamente nos confins de sua própria personalidade. A Idade Média havia atribuído — de modo consequente e, em termos psicológicos, quase corretamente — todas essas manifestações mórbidas à ação de demônios. Nem me surpreenderia ouvir que a própria psicanálise, em se ocupando da descoberta dessas forças ocultas, tenha se tornado, por isso, algo que causa uma sensação incômoda em muitas pessoas. Num caso, ao conseguir, ainda que não muito rapidamente, o restabelecimento de uma moça adoentada há muitos anos, foi o que ouvi de sua própria mãe tempos depois de a filha estar curada.

Membros amputados — uma cabeça decepada, uma mão extirpada do braço, como num conto de Hauff;[84] e pés que dançam por conta própria, como no referido livro de A.

---

84 Nesse conto de Wilhelm Hauff (1802-1827), um misterioso estrangeiro marca um encontro na calada da noite com Zaleukos — médico nascido em Constantinopla que, depois de se formar em Paris, estava vivendo em Florença. Sem mostrar o rosto, revela a sua intenção de que o médico o ajudasse com uma antiga tradição familiar: a irmã, que ali havia morrido, deveria repousar em sua distante terra natal — embalsamada, no caso, como outros membros da família que vieram a falecer no exterior. Como havia parentes na Itália, com eles ficaria o corpo; a cabeça, no entanto, deveria ser levada para o pai, que vivia no país de origem. No entanto, ao começar o procedimento cirúrgico no pretenso cadáver, Zaleukos descobre que a moça estava viva, e que ele a havia ferido de morte com a incisão no pescoço. O médico vai a julgamento por ter assassinado a jovem, que era filha do governador. Porém, com o auxílio de um amigo francês, que estava pela cidade e conhecia bem o universo jurídico, consegue um abrandamento de sua pena (viveria livre, mas com uma mão decepada): "Esta seria agora também a minha pena, e eu tinha de me preparar para a hora dolorosa que me aguardava. Não quero apresentar-lhes esta pavorosa hora, em que coloquei em praça pública minha mão sobre o bloco, em que meu próprio sangue, descrevendo um largo arco, jorrou sobre mim!" (p. 42). Cf. referências bibliográficas. [N.T.]

Schaeffer — têm em si algo de tremendamente incômodo, em particular quando ainda se lhes é permitida, como no último exemplo, uma ação autônoma. Já sabemos que essa incomodidade se origina com a sua proximidade do complexo de castração. Algumas pessoas atribuiriam o cúmulo da incomodidade à ideia de ser enterrado vivo. Só a psicanálise nos ensinou que essa terrificante fantasia é apenas a transformação de uma outra, que originalmente não era nada aterradora, e sim carregada de certa concupiscência — a saber, a fantasia da vida no ventre materno.

Acrescentemos ainda algo mais genérico, que a rigor já estava abarcado em nossas asserções anteriores a respeito do animismo e dos modos de funcionamento do aparelho anímico já superados, mas que parece digno de um destaque particular, a saber: que, com muita frequência e facilidade, é incômodo quando a fronteira entre fantasia e realidade se desfaz; quando algo que até então havíamos considerado fantástico apresenta-se diante de nós como algo real; quando um símbolo desempenha toda a potência e significação do simbolizado, entre outros. Nisso também repousa boa parte da incomodidade envolvida nas práticas mágicas. O que há de infantil nisso, que também domina a vida anímica dos neuróticos, é a ênfase excessiva na realidade psíquica em comparação com a realidade material — um traço que se conecta com a onipotência dos pensamentos. Em meio ao cerco da Guerra Mundial, chegou às minhas mãos um número da revista inglesa *Strand* em que, entre outras produções bastante supérfluas, li um conto sobre um jovem casal que adquire uma residência mobiliada na qual há uma mesa de formato esquisito, com crocodilos esculpidos em madeira.[85] Ao anoitecer, um insuportável e característico mau cheiro costuma se propagar pela residência; tropeça-se em algo no escuro; acredita-se estar vendo algo indefinível pelas escadas: em resumo, cumpre conjecturar que, por causa da presença daquela mesa, ou crocodilos fantasmagóricos estão assombrando a casa, ou os monstros de madeira ganham vida no escuro, ou algo similar. Era uma história bem boba, mas o seu efeito incômodo foi sentido como muito proeminente.

Para concluir esse apanhado de exemplos, certamente ainda incompleto, é preciso mencionar uma experiência do trabalho psicanalítico que, não repousando numa coincidência fortuita, traz consigo a mais bela confirmação de nossa concepção a respeito do incômodo. Acontece frequentemente de homens neuróticos declararem que o genital feminino seria, para eles, algo incômodo.[86] Esse incômodo, porém, é a porta de entrada para a velha terra natal da criança humana, para o recinto no qual todos se demoraram antes de mais nada. "Amar é ter saudade de casa", alega um gracejo; e quando quem sonha com um recinto ou uma paisagem pensa, ainda

---

85 Trata-se do conto "The Inexplicable" ["O inexplicável"], de autoria da escritora inglesa Luce Moberly (1861-1931) e ilustrado por Dudley Tennant (1898-1918), que veio a público em dezembro de 1917 na revista mensal britânica *The Strand Magazine*, responsável pela publicação de diversos autores de ficção, como Arthur Conan Doyle, Agatha Christie, Graham Greene e Rudyard Kipling. Cf. referências bibliográficas [N.T.].

86 Vale lembrar que em português — já no começo do século XX, mas ainda hoje, em contexto informal — "incômodo" é um dos nomes dados ao catamênio, o fluxo menstrual [N.T.].

dentro do sonho, "sei que já estive aqui antes", a interpretação pode situar ali o genital ou o ventre da mãe. O incômodo é, portanto, também nesse caso, algo outrora bem acomodado, há muito familiar. O prefixo *in-* nessa palavra é, todavia, a insígnia do recalcamento.

3

Durante a leitura das discussões acima, devem ter ocorrido ao leitor certas dúvidas, as quais cumpre agora recolher e trazer à baila.

É possível que o incômodo seja o elemento cômodo-acomodado que sofreu um recalcamento e dele retornou, e que todo incômodo satisfaça essas condições. Porém, com essa escolha temática, o enigma do incômodo não parece ter-se resolvido. A nossa proposição evidentemente não admite inversão. Nem tudo o que lembra as moções de desejo recalcadas e os já superados modos de pensar da pré-história individual e dos primórdios dos povos é, por isso, também incômodo.

Tampouco queremos silenciar o fato de que, para quase todo exemplo que deveria comprovar a nossa proposição, é possível encontrar um análogo que a contradiga. A mão decepada no conto hauffiano "A história da mão decepada", por exemplo, certamente tem um efeito incômodo, algo que remontamos ao complexo de castração. No conto de Heródoto sobre o tesouro de Rampsinitos, porém, o ladrão-mestre que a princesa quer agarrar pela mão estende-lhe a mão decepada de seu irmão; e, assim como eu, outros provavelmente irão julgar que esse traço não evoca nenhum efeito incômodo.[87] A instantânea realização do desejo em "O anel de Polícrates" seguramente exerce sobre nós um efeito incômodo, assim como sobre o próprio rei do Egito. Mas nossos contos maravilhosos estão repletos de histórias em que há uma imediata realização do desejo, e nem por isso o incômodo comparece. No conto dos três desejos,[88] a mulher, tentada pelo aroma de uma salsicha frita, acaba dizendo que também quer uma. Imediatamente ela tem diante de si uma daquelas no prato. O marido, de raiva, deseja que a espertalhona fique com a salsicha dependurada no nariz. Num piscar de olhos, lá está, dependurada no nariz dela. É muito impressionante, mas nem um pouco incômodo. O conto acaba assumindo abertamente o ponto de vista animista da onipotência dos pensamentos e desejos, e eu não saberia nomear sequer um único conto maravilhoso genuíno no qual algo incômodo aconteça. Dissemos que o incômodo se dá, em grande medida, quando coisas inanimadas — ima-

---

87 Trata-se de "A história de Rampsinitos" — em alemão: "O rei Rampsinitos e sua filha" ["König Rampsinitus und seine Tochter"]. Cf. referências bibliográficas.

88 "Drei Wünsche" ["Três desejos"], escrito por Johann Peter Hebel (1760-1826) em 1808, remonta ao conto francês de Charles Perrault (1628-1703), "Les souhaits ridicules" ["Os desejos ridículos"], publicado em verso no ano de 1693 (cf. referências bibliográficas). Freud também havia feito referência a esse conto três anos antes, na 14ª Conferência Introdutória. E, na quinta edição de *A interpretação dos sonhos*, publicada no mesmo ano da escrita deste ensaio, ele acrescenta uma nota em que retoma a dita narrativa. Cf. Freud, S. (1916/2014). 14. A realização de desejos. In *Conferências introdutórias à psicanálise* (pp. 287-307, S. Tellaroli, trad.) (Obras completas, Vol. 13). São Paulo: Companhia das Letras, p. 292. Cf. também: Freud, S. ([1899]1900/2019). *A interpretação dos sonhos* (P. C. de Souza, trad.) (Obras completas, Vol. 4). São Paulo: Companhia das Letras, p. 640, n. 188 [N.T.].

gens, bonecos — ganham vida, mas, nas fábulas de Andersen, os utensílios domésticos, a mobília, o soldado de chumbo têm vida própria, e talvez nada esteja mais distante do incômodo que isso. O avivamento da bela estátua de Pigmalião também dificilmente causará a sensação de incômodo.[89]

Morte aparente[90] e ressuscitação são conhecidas por nós como ideias muito incômodas. Mas, de igual maneira, são novamente muito habituais em contos maravilhosos. Quem ousou chamar de incômodo quando, por exemplo, Branca de Neve reabriu os olhos? O despertar dos mortos nas histórias milagrosas do Novo Testamento, por exemplo, também evoca sentimentos que nada têm a ver com o incômodo.[91] O retorno não intencional do mesmo — que nos rendeu efeitos tão indubitavelmente incômodos — serve, numa série de outros casos, a efeitos muito diferentes. Já vimos um caso em que ele foi utilizado como meio de evocar o sentimento cômico, e seria possível reunirmos vários exemplos desse tipo; noutras

---

89 Segundo Ovídio (*Metamorfoses*, Livro X), Pigmalião era um exímio escultor cipriota que optou por viver isolado — afastando-se, assim, das mulheres de sua terra natal, que considerava indecentes. No isolamento, esculpe em marfim uma bela moça (Galateia) que, de tão perfeita, parece viva... e por ela acaba se apaixonando. Quando implora a Afrodite que lhe seja dado encontrar uma mulher feito a estátua, a deusa atende sua súplica e confere vida ao marfim que o artista havia cinzelado. Cf. referências bibliográficas [N.T.].

90 Estado transitório em que as funções vitais, em razão de uma entidade nosológica, parecem estar abolidas. Assim, embora ainda viva, a pessoa praticamente não manifesta sinais externos [N.T.].

91 São diversos os casos de ressurreição no Novo Testamento, dentre eles o do filho de uma viúva (Lc 7:12-14), o da filha de Jairo (Lc 8:41-55), o de Lázaro (Jo 11:1-44) e o do próprio Jesus (Mt 28:1-8) [N.T.].

vezes, ele funciona como reforço ou algo similar. Além disso: de onde vem a incomodidade do silêncio, da solitude, da escuridão? Acaso esses elementos não apontam para o papel do perigo na gênese do incômodo, embora se trate das mesmas condições em que vemos as crianças, com maior frequência, expressarem medo? E acaso podemos realmente negligenciar por completo o fator da insegurança intelectual, sendo que admitimos a relevância que ele tem para o aspecto incômodo da morte?

Certamente devemos estar prontos para pressupor que, para a entrada em cena do sentimento incômodo, são determinantes condições outras que não as temáticas que priorizamos. De fato, seria possível dizer que, com essa primeira constatação, o interesse psicanalítico pelo problema do incômodo estaria arruinado; e o resto, provavelmente, requereria uma investigação estética. Mas, com isso, estaríamos franqueando o caminho para a dúvida acerca do mérito que o nosso discernimento a respeito da proveniência do incômodo pode realmente atribuir ao elemento acomodado que sofreu recalcamento.

Uma observação pode nos apontar o caminho para dirimir essas inseguranças. Quase todos os exemplos que contradizem as nossas expectativas foram tirados do âmbito da ficção, da literatura. Recebemos, então, um aceno no sentido de fazer uma diferença entre o incômodo que se vivencia e o incômodo que apenas se imagina ou a respeito do qual se lê.

O incômodo vivencial exige condições muito mais simples, mas abrange um número menor de casos. Creio que ele se conforma, invariavelmente, à nossa tentativa de encontrar uma solução, sempre permitindo remontar ao recalcado que é nosso velho conhecido. Mas aqui também é preciso efetuar uma separação importante e psicologicamente significativa do material; separação que poderemos reconhecer melhor em exemplos apropriados.

Tomemos o que há de incômodo na onipotência dos pensamentos, na instantânea realização do desejo, nas forças ocultas perniciosas, no retorno dos mortos. A condição na qual o sentimento do incômodo emerge aqui não se pode negar. Nós — ou os nossos antepassados primitivos — um dia consideramos essas possibilidades como efetivamente reais, convictos que estávamos da realidade desses fatos. Hoje não acreditamos mais nisso, nós *superamos* esse modo de pensar; porém, não nos sentimos totalmente seguros quanto a essas novas convicções — as antigas ainda seguem vivendo em nós à espera de uma confirmação. Ora, assim que *advém* algo em nossas vidas que parece levar a uma confirmação dessas velhas convicções abandonadas, temos o sentimento do incômodo, o qual pode ser complementado pelo seguinte julgamento: então é verdade, afinal, que se pode matar alguém pelo simples desejo; é verdade que os mortos continuam vivos e aparecem nos locais por onde circulavam anteriormente! — entre outros. Por outro lado, o incômodo dessa espécie não se aplicará a quem tiver liquidado em si, completa e definitivamente, essas convicções animistas. Mesmo a mais curiosa coincidência entre desejo e realização, a mais enigmática repetição de vivências semelhantes envolvendo o mesmo local ou a mesma data, as mais enganosas percepções faciais e os mais suspeitos ruídos não desnortearão, não despertarão medo algum que se possa qualificar como medo do "incômodo". Trata-se aqui, portanto, puramente de uma questão de teste de realidade; de uma problemática de realidade material.[92]

A situação é diferente no caso do incômodo que emana de complexos infantis recalcados, do complexo de castração, da fantasia com o ventre materno, e assim por diante; só que vivências reais que despertam essa espécie de incômodo podem ser não muito frequentes. O incômodo vivencial pertence, o mais das vezes, ao primeiro grupo, mas para a teoria a distinção entre ambos é muito significativa. No incômodo dos complexos infantis, a questão da realidade material não

---

[92] Visto que o incômodo causado pelo duplo também é desse gênero, torna-se interessante experimentar o efeito de quando a imagem de nossa própria pessoa nos confronta intrometida e inopinadamente. E. Mach relata duas dessas observações em *Die Analyse der Empfindungen* [*A análise das sensações*] (1900, p. 3). Certa vez, ficou aterrorizado, e não foi pouco, quando notou que o rosto que havia visto era o seu próprio; noutra, fez um julgamento muito desfavorável sobre uma pessoa, aparentemente um estranho, que embarcara no mesmo coletivo que ele: "Olha só que professorzinho primário decadente este aí embarcando...". Tenho também uma aventura dessas para contar: estava eu sentado sozinho no compartimento do vagão-leito quando, devido a um violento solavanco da locomotiva, a porta do banheiro adjacente se abriu e um senhor mais velho, de roupão, boina de viagem na cabeça, entrou em meu quarto. Presumi que, ao deixar o gabinete localizado entre os dois compartimentos, ele tivesse ido na direção errada e vindo parar, por engano, no meu compartimento; levantei-me rapidamente para lhe explicar o fato, mas logo notei, desconcertado, que o intruso era a minha própria imagem que aparecia em espelho na porta comunicante. Lembro-me de que o fenômeno me desaprouve profundamente. Assim, tanto Mach quanto eu, em vez de nos aterrorizarmos com o duplo, simplesmente não fizemos a sua recognição. Mas será que o desprazimento não era um resto daquela reação arcaica que sente o duplo como algo incômodo?

é sequer considerada; a realidade psíquica toma o seu lugar. Trata-se do verdadeiro recalcamento de um conteúdo e do retorno do recalcado, não de relevar a *crença na realidade* desse conteúdo. Poderíamos dizer que, num caso, determinado conteúdo representacional é recalcado; noutro, a crença em sua realidade (material). Mas essa última forma de expressão provavelmente expande o uso do termo "recalque" para além dos seus limites administrativos. É mais correto se levarmos em conta uma diferença psicológica, perceptível aqui, e qualificarmos o estado no qual se encontram as convicções animistas do ser humano civilizado como o de uma — mais ou menos plena — *superação*. Nossa conclusão é, portanto, a seguinte: o incômodo vivencial consuma-se quando complexos infantis *recalcados* são reavivados por uma impressão ou quando convicções primitivas *superadas* parecem reafirmar-se. Por fim, não podemos deixar que a preferência por uma resolução tranquila e uma exposição transparente nos impeça confessar que as duas espécies de incômodo vivencial aqui formuladas nem sempre se deixam separar uma da outra com precisão. Se pensarmos que as convicções primitivas relacionam-se o mais intimamente com os complexos infantis, neles enraizando-se verdadeiramente, não ficaremos muito surpresos com esse apagamento das demarcações.

O incômodo ficcional — da fantasia, da literatura — merece, de fato, uma consideração à parte. Antes de mais nada, ele é muito mais profuso que o incômodo vivencial; abrange esse último em sua totalidade, além de outros que não se dão dentro das condições vivenciais. A oposição entre algo recalcado e algo superado não pode ser transferida para o incômodo da literatura sem que sejam feitas profundas modificações, pois o reino da fantasia tem, como condição prévia de sua validez, que o seu conteúdo seja dispensado do teste de realidade. A conclusão, que soa paradoxal, é que *na literatura não são incômodas muitas coisas que o seriam caso adviessem na vida real; e que na literatura existem muitas possibilidades de atingir efeitos incômodos que, na vida real, ficam de fora.*

Entre as muitas liberdades do escritor está a de escolher à vontade o seu mundo figurativo, para que ele coincida com a realidade que nos é familiar ou dela se afaste de alguma maneira. Em ambos os casos, nós o acompanhamos. O mundo dos contos maravilhosos, por exemplo, deixa o terreno da realidade desde o princípio, e admite abertamente pressupor convicções animistas. Realização de desejos, forças ocultas, onipotência dos pensamentos, vivificação de algo inanimado — que são totalmente habituais em contos maravilhosos — podem não manifestar efeito incômodo algum, pois, para a gênese do sentimento incômodo, sabemos ser necessário o litígio decisório quanto ao fato de o superado elemento inverossímil ser, ou não, realmente possível — uma problemática que, dadas as premissas do universo dos contos maravilhosos, acaba por ser descartada. Assim, o conto maravilhoso, que nos forneceu a maioria dos exemplos que contradizem a solução que propusemos para o incômodo, é a materialização do primeiro caso mencionado — segundo o qual, no reino da ficção, não são incômodas muitas coisas que certamente teriam efeitos incômodos caso adviessem na vida real. A isso se acrescentam outros aspectos do conto maravilhoso que depois serão abordados brevemente.

O escritor também pode ter criado para si um universo que é menos fantástico que o universo dos contos maravilhosos, mas que se separa do mundo real por admitir seres espirituais superiores, demônios ou espíritos de falecidos. Todo incômodo que poderia aderir a essas figuras deixará de se aplicar, desde que as premissas dessa realidade poética sejam suficientes. As almas do inferno dantesco ou as aparições em obras de Shakespeare como *Hamlet*, *Macbeth* e *Júlio Cesar* podem ser suficientemente sinistras e aterradoras, mas, no fundo, são tão pouco incômodas quanto, digamos, o divertido mundo dos deuses de Homero. Adaptamos o nosso julgamento às condições dessa realidade forjada pelo escritor e tratamos almas, espíritos e fantasmas como se fossem existências de pleno direito, assim como nós próprios o somos na realidade material. Este também é um caso em que a incomodidade será poupada.

Ora, é diferente se o escritor, ao que tudo indica, tiver se colocado no plano da realidade ordinária. Nesse caso, ele também aceita todas as condições que se aplicam no campo da vivência para engendrar o sentimento incômodo, e tudo aquilo que tem efeito incômodo na vida real terá o mesmo efeito na literatura. Mas, nesse caso, o escritor também pode intensificar e multiplicar o incômodo muito além da dose possível no campo da vivência, criando acontecimentos que não seriam, ou muito raramente seriam, experienciados na realidade. Ele trai, assim, em alguma medida, as nossas superstições tidas como superadas; ele nos ludibria quando promete a realidade ordinária só para, em seguida, excedê-la. Reagimos às suas ficções da mesma forma que teríamos reagido às nossas próprias vivências no mundo real; quando percebemos a fraude, é tarde demais: o escritor já alcançou o seu intento. Mas devo dizer que ele não atingiu nenhum efeito puro. Fica em nós um sentimento de insatisfação, uma espécie de rancor por terem tentado nos enganar, como senti de modo particularmente acentuado após a leitura do conto de Schnitzler "A profecia"[93] e de composições similares que flertam com o maravilhoso. O escritor tem ainda à sua disposição um recurso pelo qual ele pode escapar dessa nossa insurreição e, simultaneamen-

---

[93] A certa altura do conto, escrito em 1902 e publicado em 1905, lê-se o seguinte trecho: "Existe uma conexão demoníaca entre nós dois, que o senhor provavelmente não poderá esclarecer mais do que eu; deve ao menos, no entanto, saber de sua existência". Dito isso, é digna de nota a relação que Freud acreditava existir entre ele e Arthur Schnitzler (1862-1931), o médico e escritor austríaco com quem chegou a se corresponder. Em 1906, Freud lhe escreve uma carta dizendo: "Sempre me perguntei, fascinado, de onde o senhor pôde ter obtido este ou aquele conhecimento secreto que adquiri por meio da minha árdua exploração do objeto e, por fim, acabei invejando o escritor a quem, no mais, admiro. Pois pode imaginar o quanto me alegraram e honraram as linhas nas quais me diz que também os meus escritos geraram no senhor semelhante excitação. Quase me lastimo de precisar ter chegado aos 50 anos de idade para vivenciar algo tão lisonjeiro". Três anos após a escrita deste ensaio, Freud deixa claro ao correspondente: "Ao longo dos anos, atormentei-me com a pergunta sobre por que não tentei entrar em contato com o senhor e ter consigo uma conversa (sem levar em consideração, é claro, se o senhor mesmo veria com bons olhos tal aproximação). A resposta a essa pergunta contém a confissão que me parece demasiado íntima. Penso que o evitei por uma espécie de receio do duplo. Não que eu tenha uma tendência a me identificar facilmente com outras pessoas, ou que queira ignorar a diferença de talento que me separa do senhor, senão que, sempre que me aprofundo em suas belas criações, creio encontrar sob a aparência poética as mesmas convicções, interesses e conclusões que reconheço como meus próprios" (Tavares, P. H. (2017, dez.). Duas cartas de Sigmund Freud a Arthur Schnitzler: tradução e comentários. *Artefilosofia*, *23*; trad. modificada) [N.T.].

te, aperfeiçoar as condições para alcançar os seus intentos. Consiste em nos deixar muito tempo sem atinar quais foram propriamente as premissas por ele escolhidas para o universo que ele adotou; ou em evitar até o final, engenhosa e maliciosamente, um esclarecimento assim tão decisivo. Mas, no conjunto, o caso anunciado anteriormente será concretizado aqui: a ficção cria novas possibilidades para o sentimento incômodo que, no campo da vivência, deixariam de existir.

A rigor, todas essas variedades referem-se apenas ao incômodo que emerge daquilo que foi superado. O incômodo dos complexos recalcados é mais resistente, ele permanece — independentemente de uma condição determinada — tão incômodo na literatura quanto no campo da vivência. O outro incômodo, oriundo daquilo que foi superado, exibe esse caráter no campo da vivência e naquela literatura que se situa no território da realidade material, mas pode perdê-lo nas realidades ficcionais criadas pelo escritor.

É evidente que as liberdades do escritor — e, com isso, as prerrogativas da ficção quanto a evocar e inibir o sentimento incômodo — não se esgotam com as observações referidas. Perante a vivência, geralmente nos comportamos com uma passividade uniforme e sucumbimos à influência do material. Para o escritor, no entanto, somos direcionáveis de um modo particular. Pela atmosfera na qual nos envolve, pelas expectativas suscitas em nós, ele é capaz de desviar os nossos processos emocionais de um resultado e encaminhar para outro; e do mesmo material ele pode, com frequência, obter efeitos muito diversos. Isso tudo é conhecido há tempos e é provável que tenha sido apreciado em seus pormenores pelos estetas de renome. Fomos levados a essa área de pesquisa, sem intenção direta, no momento em que cedemos à tentação de esclarecer a contradição entre determinados exemplos e nossa derivação do incômodo. Gostaríamos, portanto, de regressar a alguns desses exemplos.

Questionamos anteriormente por que a mão decepada no tesouro de Rampsinitos não tinha um efeito incômodo como, por exemplo, na "História da mão decepada", de Hauff. A pergunta nos parece mais significativa agora, depois de termos reconhecido que há uma maior resistência por parte do incômodo oriundo da fonte dos complexos recalcados. É fácil dar essa resposta: é que nós, naquele conto, não vamos estar em sintonia com os sentimentos da princesa, e sim com a astúcia superior do "ladrão-mestre". Com isso, a princesa pode não ter sido poupada do sentimento incômodo, e até somos capazes de acreditar que ela tenha desmaiado; porém, nós não sentimos nada de incômodo, pois não nos colocamos no lugar dela, e sim no do outro personagem. A impressão do incômodo na farsa *Der Zerrissene* [*O dilacerado*],[94] da autoria de Nestroy, nos será poupada por uma outra conjunção de fatores; quando o fugitivo, que pensa ser um assassino, vê o suposto fantasma do assassinado emergir de cada alçapão cuja tampa ele levanta e exclama, desesperado: "Eu só matei *um*. Que multiplicação assustadora é essa?". Conhecemos os fatos

---

94 Johann Nestroy (1801-1862), cantor lírico, ator e dramaturgo, ficou conhecido como o Shakespeare da Áustria. Composta de três atos, a peça *Der Zerrissene* havia estreado em 1844, recebendo sua primeira publicação em livro no ano seguinte. Cf. referências bibliográficas [N.T.].

que levaram a essa cena; não partilhamos do erro do "dilacerado" e, portanto, aquilo que para ele deve necessariamente ser incômodo tem, para nós, o efeito de algo irresistivelmente cômico. Mesmo um *fantasma* "de verdade", como o do conto "O fantasma de Canterville",[95] de O. Wilde, há de perder todas as suas pretensões de suscitar minimamente horror, na medida em que o escritor faz a graça de tratá-lo com ironia e deboche. No mundo da ficção, o impacto emocional pode, pois, ser bastante independente da escolha do material. No mundo dos contos maravilhosos, os sentimentos de medo — consequentemente, também sentimentos incômodos — acabam não sendo despertados. Compreendemos esse fato e, portanto, também fazemos vista grossa para as ocasiões nas quais algo do gênero seria possível.

Da solidão, do silêncio e da escuridão nada mais podemos dizer, a não ser que estes são realmente os elementos aos quais está atrelado, para a maioria das pessoas, o medo infantil que nunca se extingue por completo. A pesquisa psicanalítica ocupou-se desse mesmo problema em outra ocasião.[96]

---

[95] Nesse conto cômico de Oscar Wilde (1854-1900), publicado em 1887, uma família americana muda-se para uma mansão britânica, para a infelicidade do fantasma que ali habita. Embora alertados, a princípio os americanos não acreditam na assombração; mas, tão logo sua presença torna-se incontestável, é o fantasma quem acaba se tornando vítima da insensibilidade da família às suas tentativas de assombrá-la. Cf. referências bibliográficas [N.T.].

[96] Freud havia se debruçado sobre o referido tema em sua 25ª Conferência Introdutória. Cf. Freud, S. (1917/2014). 25. O medo. In *Conferências introdutórias à psicanálise* (pp. 519-544, S. Tellaroli, trad.) (Obras completas, Vol. 13). São Paulo: Companhia das Letras; trad. modificada [N.T.].

Referências bibliográficas

EM edição textualmente mencionada
AP consta no acervo pessoal de Freud[1]
EI edição inferida
PB possível bibliografia

Alighieri, D. (1877). *Göttliche Comödie* (Philalethes, Johann, Rei da Saxônia, trad.). Leipzig: Teubner. [EI/AP]

RECUPERADO DE archive.org/details/dantealighieris03aliggoog

PT-BR Alighieri, D. (2010). *A divina comédia* (5a ed., I. E. Mauro, trad.). São Paulo: Editora 34.

Andersen, H. C. (1887). *Sämmtliche Märchen* (3a ed.). Leipzig: Teubner. [EI]

RECUPERADO DE archive.org/details/smmtlichemrchen01andegoog

---

1 Davies, J. K., Fichtner, G. (2004). *Freud's Library A Comprehensive Catalogue*. Tübingen: Diskord.

PT-BR Andersen, H. C. (2011). *Contos de Hans Christian Andersen* (S. Duarte, trad.). São Paulo: Paulinas.

Bellows, M. (1912). *Dictionary of German and English; English and German*. London: Longmans, Green & Co. [EI]
RECUPERADO DE archive.org/details/dictionarygerma00bellgoog

Bíblia Sagrada | *Die Bibel: oder die ganze heilige Schrift des Alten und Neuen Testaments*. (1534/1904). (7a reimp. M. Luther, trad., O. Frick, pref.). Halle: Verlag der von Cansteinschen Bibelanstalt. [EI/AP]
RECUPERADO DE archive.org/details/diebibeloderdieg00luth

Bulle, O., & Rigutini, G. (1900). *Neues italienisch-deutsches und deutsch-italienisches Wörterbuch*. Leipzig/Mailand: Tauchnitz/Hoepli. [PB]
RECUPERADO DE archive.org/details/neuesitalienisch02bulluoft

Flügel, F. (1891). *Allgemeines Englisch-Deutsches und Deutsch-Englisches Wörterbuch* (4a ed.). Braunschweig: George Westermann. [EI]
RECUPERADO DE archive.org/details/allgemeinesengl02flgoog

Freud, S. (1913). *Totem und Tabu*. Leipzig/Wien: Hugo Heller & Cie. [EM/AP]
RECUPERADO DE archive.org/details/Freud_1913_Totem_und_Tabu_k

PT-BR Freud, S. (1913/2012). Totem e tabu. In *Totem e Tabu, Contribuição à história do movimento psicanalítico e outros textos* (pp. 13-244, P. C. de Souza, trad.) (Obras completas, Vol. 11). São Paulo: Companhia das Letras.

Georges, K. E. (1865/1898). *Kleines deutsch-lateinisches Handwörterbuch*, 2 vols. (6a ed. rev. e ampliada). Hannover/Leipzig: Hahnsche Buchhandlung. [EM]
RECUPERADO DE www.zeno.org/Georges-1910

Goethe, J. W. von (1808/1877). *Faust: eine Tragödie*. Leipzig: Velhagen & Klasing. [EI/AP]
RECUPERADO DE books.google.je/books?id=-O0SAAAAYAAJ&hl
PT-BR Goethe, J. W. von (1808/2016). *Fausto: uma tragédia — Primeira parte* (6a ed., J. K. Segall, trad.). São Paulo: Editora 34.

Grande dizionario italiano-tedesco, tedesco-italiano compilato sui più accreditati vocabolarii delle due lingue ed arricchito di molte migliaja di voci e di frasi (Vol. 2). (1839). Milano: Tipografia di Commercio. [PB]
RECUPERADO DE archive.org/details/grandedizionario02cava

Grimm, J., & Grimm, W. (1877). *Deutsches Wörterbuch, Vol. 10 — IV, II (H, I, J)*. Leipzig: S. Hirzel. [EM]
RECUPERADO DE woerterbuchnetz.de/DWB

Harder, E. (1903). *Deutsch-arabisches Handwörterbuch*. Heidelberg: Winter. [PB]

Recuperado de archive.org/stream/deutscharabisch01hardgoog

Hauff, W. (1826/1869). Die Geschichte von der abgehauenen Hand. In *Mährchen für Söhne und Töchter gebildeter Stände* (pp. 43-60). Stuttgart: Rieger, 1869. [EI]

Recuperado de books.google.at/books?id=OsoWAAAAYAAJ&printsec

PT-BR Hauff, W. (1826/2015). A história da mão decepada (F. K. Kepler, trad.). *Cadernos de tradução*, 37, 2015, 33-45.

Recuperado de seer.ufrgs.br/cadernosdetraducao/article/view/65346/37621

Hebel, J. P. (1808/1811). Drei Wünsche. In *Schatzkästlein des rheinischen Hausfreundes* (pp. 117-120). Tübingen: Cotta. [PB]

Recuperado de www.deutschestextarchiv.de/book/view/hebel_schatzkaestlein_1811

Heine, H. (1853/1885). Die Götter im Exil. In *Heinrich Heine's Sämmtliche Werke* (Vol. 8). Hamburg: Hoffmann und Campe. [EI/AP]

PT-BR Heine, H. (1853/2000). *Os deuses no exílio* (M. Suzuki, trad.). São Paulo: Iluminuras.

Heródoto | Herodot (séc. 5 a.C./1916). König Rampsinitus und seine Tochter. In *Orientalische Königsgeschichten* (J. E. Goldhagen, trad.). Berlin/Wien: Ullstein. [EI]

Recuperado de www.projekt-gutenberg.org/herodot/oriental/chap010.html

PT-BR Heródoto (séc. 5 a.C./1980). A história de Rampsinitos (G. Maspéro, trad. interm.). In A. B. H. Ferreira & P. Rónai (1998), *Mar de histórias: antologia dos contos mundiais* (Vol. 1, 3a ed. rev., pp. 30-33). Rio de Janeiro: Nova Fronteira.

Heródoto | Herodot (séc. 5 a.C./1916). Der Ring des Polykrates. In *Orientalische Königsgeschichten*. (J. E. Goldhagen, trad.). Berlin/Wien: Ullstein. [EI]

RECUPERADO DE www.projekt-gutenberg.org/herodot/oriental/chap014.html

PT-BR Heródoto (séc. 5 a.C./2000). O anel de Polícrates (R. Hafez, trad.). In F. Achcar & R. Hafez (Orgs.), *O anel de polícrates e outras histórias* (2a ed. Aumentada, pp. 13-16). São Paulo: Objetivo.

Hoffmann, E. T. A. ([1815]1816/1900). Der Sandmann. In *Die Nachtstücke* (pp. 7-38, E. Grisebach, Org.) (Sämtliche Werke in 15 Bänden, Vol. 3). Leipzig: Hessescher. [EM]

RECUPERADO DE archive.org/details/smtlichewerk1v3hoff

PT-BR Hoffmann, E. T. A. ([1815]1816/2017). O Homem da Areia. In *O reflexo perdido e outros contos insensatos* (pp. 76-116, M. A. Barbosa, trad.). São Paulo: Estação Liberdade; trad. modificada.

Hoffmann, E. T. A. ([1814]1815). *Die Elixiere des Teufels*, 2 vols. Berlin: Duncker und Humblot. [EI]

RECUPERADO DE www.deutschestextarchiv.de/hoffmann_elixiere01_1815

PT-BR Hoffmann, E. T. A. ([1814]1815). *Os elixires do diabo* (M. A. Barbosa, trad.). São Paulo: Estação Liberdade. (No prelo).

Jentsch, E. (1906, 25 ago.). Zur Psychologie des Unheimlichen. *Psychiatrisch-Neurologische Wochenschrift*, 8(22), 195-198. [EM]

Jentsch, E. (1906, 1 set.). Zur Psychologie des Unheimlichen: Schluss. *Psychiatrisch-Neurologische Wochenschrift*, 8(23), 203-205. [EM]

RECUPERADO DE d-nb.info/1138447315/34

Kammerer, P. (1919) *Das Gesetz der Serie: Eine Lehre von den Wiederholungen im Lebens- und im Weltgeschehen*. Stuttgard/Berlin: Deutsche Verlags-Anstalt. [EM]

RECUPERADO DE archive.org/details/DasGesetzDerSerie

Lucas, N. I. (1854/1868). *Englisch-Deutsches und Deutsch-Englisches Wörterbuch*, 4 vols. Bremen: C. Schünemann. [EI]

RECUPERADO DE books.google.com.br/books?id=UYtBAAAAYAAJ

Mach, E. (1886/1900). *Die Analyse der Empfindungen und das Verhältnis des Physischen zum Psychischen* (2a ed.). Jena: Fischer. [EM]

RECUPERADO DE archive.org/details/dieanalyserem01machgoog

Margel, M. (1906). *Deutsch-hebräisches Wörterbuch*. Požega: Klein. [PB]

RECUPERADO DE sammlungen.ub.uni-frankfurt.de/freimann/content/titleinfo/424311

Michaelis, H. (1889/1902). *Neues Wörterbuch der portugiesischen und deutschen Sprache* (Vol. 2, 6a ed.). Leipzig: F. A. Brockhaus. [PB]

RECUPERADO DE archive.org/details/novodiccionario00michgoog

Moberly, L. G. (1917, dec.). The inexplicable. *Strand Magazine, 54*, 572-581. [EI]

RECUPERADO DE archive.org/details/TheStrandMagazineAnIllustratedMonthly

PT-BR Moberly, L. G. (2007). O inexplicável (F. Antunes, trad.). In B. Tavares (Org.), *Freud e o estranho: contos fantásticos do inconsciente* (pp. 84-97). Rio de Janeiro: Casa da Palavra; trad, modificada.

Muret, E., & Sanders, D. (1891-1901/1899). *Enzyklopädisches englisch-deutsches und deutsch-englisches Wörterbuch*, 4 vols. Berlin: Langenscheidt. [EI]

RECUPERADO DE archive.org/details/muretsandersenzy04mure

Nestroy, J. (1845). *Der Zerrissene: Posse in drei Aufzügen*. Wien: Reclam. [EI]

RECUPERADO DE www.zeno.org/nid/2000544067X

Ovídio | Ovid (8 d.C./1862-1868). *Metamorphosen*, 3 vols. (R. Suchier, trad.). Stuttgart: Krais & Hoffmann. [PB]

RECUPERADO DE www.gottwein.de/Lat/ov/met01de.php

PT-BR Ovídio (8 d.C./2017). *Metamorfoses* (D. L. Dias, trad.). São Paulo: Editora 34.

Perrault, C. (1693/1902). Les souhaits ridicules. In P. Féron (Org.), *Contes de Perrault* (pp. 60-63). Tournai: Casterman. [PB]
RECUPERADO DE www.atramenta.net/lire/les-souhaits-ridicules/2348

Rank, O. (1914). Der Doppelgänger. *Imago*, 3(2), 97-164. [EM]
RECUPERADO DE archive.org/details/Imago.ZeitschriftFuumlrAnwendungDerPsychoanalyseAufDie_899

Rost, V. (1868). *Deutsch-griechisches Wörterbuch*. Göttingen: Vandenhoeck & Ruprecht. [EI]
RECUPERADO DE books.google.com.br/books?id=uxJ3vBlNWeEC&hl.

Sachs, K.; & Villatte, C. (1906). *Sachs-Villatte enzyklopaedisches französisch-deutsches und deutsch-französisches Wörterbuch*, 2 vols. Berlin: Langenscheidt. [EI/PB]
RECUPERADO DE archive.org/stream/sachsvillatteenz00sachuoft

Sanders, D. (1860/1876). *Wörterbuch der deutschen Sprache*, 2 vols. Leipzig: Otto Wigand. [EM]
RECUPERADO DE archive.org/details/Sanders-Daniel-Woerterbuch-der-Deutschen-Sprache

Sanders, D. (1869/1900). *Handwörterbuch der deutschen Sprache* (6a ed). [corrigido à mão na folha de rosto: 7a ed., 1906]. Leipzig: Otto Wigand. [AP]

Recuperado de https://archive.org/details/handwrterbuchd-00sanduoft (ed. 1911)

Schaeffer, A. (1918). *Josef Montfort*. Leipzig: Insel. [EI]

Schenkl, K. (1866/1878). *Deutsch-griechisches Schulwörterbuch* (3a ed.). Leipzig: Teubner. [EI]
Recuperado de archive.org/details/deutschgriechisc00sche

Schiller, F. ([1797]1798/1838). "Der Ring des Polykrates". In *Schillers sämmtliche Werke: in zwölf Bänden* (Vol. 1, pp. 269-280). Stuttgart/Tübingen, J. G. Cotta. [AP]
Recuperado de books.google.com.br/books?id=sntOAQAAM-AAJ&hl=pt-BR&source=gbs_navlinks_s

Schnitzler, A. ([1902]1905). *Die Weissagung*. Wien: Neue Freie Presse. [EI]
Recuperado de www.projekt-gutenberg.org/schnitzl/weissagu/weissagu.html
PT-BR Schnitzler, A. ([1902]1905/2007). A profecia (W. Lagos, trad.). In B. Tavares (Org.), *Freud e o estranho: contos fantásticos do inconsciente* (pp. 274-303). Rio de Janeiro: Casa da Palavra.

Seligmann, S. (1910-1911). *Der böse Blick und Verwandtes: ein Beitrag zur Geschichte des Aberglaubens aller Zeiten und Völker*, 2 vols. Berlin: Hermann Barsdorf. [EM/AP]
Recuperado de archive.org/details/derbseblickund01seliuoft

Shakespeare, W. (1891). *The works of William Shakespeare*, 10 vols. (6a ed., A. Dyce, ed.). London: Swan Sonnenschein & Co. [EI/AP]
RECUPERADO DE catalog.hathitrust.org/Record/005691736
PT-BR Shakespeare, W. (1891/2016). *William Shakespeare: teatro completo*, 3 vols. (B. Heliodora, trad.). Rio de Janeiro: Nova Aguilar.

Sófocles | Sophokles (1868). König Oedipus. In *Sophokles: Deutsch in den versmassen der Urschrift* (6a ed., J. J. C. Donner, trad.). Leipzig/Heidelberg: Winter'sche Verlagshandlung. [EI/AP]
RECUPERADO DE archive.org/details/sophoklesdeutsc01donngoog (7a ed.)
PT-BR Sófocles (1868/2001). *Édipo Rei de Sófocles* (T. Vieira, trad.). São Paulo: Perspectiva.

Tolhausen, L. (1889). *Neues spanisch-deutsches und deutsch-spanisches Wörterbuch*, 2 vols. Leipzig: Bernhard Tauchnitz. [EI]
RECUPERADO DE archive.org/details/neuesspanischdeu02tolhuoft

Twain, M. (1880). *A Tramp Abroad*. London: Chatto & Windus. [EI]
RECUPERADO DE www.gutenberg.org/files/119/119-h/119-h.htm

Wilde, O. (1887/1905). *Das Gespenst von Canterville und fünf andere Erzählungen* (F. Blei, trad.). Leipzig: Insel. [EI]
RECUPERADO DE archive.org/details/bub_gb_RakwAQAAMAAJ
PT-BR Wilde, O. (1887/2002). *O fantasma de Canterville e outras histórias* (B. Viégas-Faria et al., trad.). São Paulo: L&PM.

Posfácio

Das zonas
do incômodo

Aus den Zonen des Unheimlichen (2016)

PETER-ANDRÉ ALT (1960-) é professor titular de Literatura Alemã Moderna na Universidade Livre de Berlim. Foi professor visitante em Cambridge, Praga, Princeton e Viena. Reitor da Universidade Livre entre os anos de 2010 e 2018, deixou o cargo para assumir a presidência da Conferência dos Reitores Universitários da Alemanha (HRK). Agraciado com o Prêmio Schiller (Marbach, 2005) e com a subvenção *Opus Magnum* (Fundações Volkswagen e Thyssen, 2008), preside a Sociedade Schiller da Alemanha desde 2012. Autor de diversos livros e artigos no campo da literatura e da história cultural, também é biógrafo de Franz Kafka, Friedrich Schiller e Sigmund Freud: *Franz Kafka: der ewige Sohn* [*Franz Kafka: o filho eterno*]; *Schiller: Leben, Werk, Zeit* [*Schiller: vida, obra, tempo*]; *Sigmund Freud: der Arzt der Moderne* [*Sigmund Freud: o médico da modernidade*], todas publicadas pela editora C. H. Beck (2005, 2009/2013 e 2016).

Das zonas do incômodo[1]

Em 30 de julho de 1915, Freud havia escrito a Lou Andreas-Salomé que a sua curiosidade científica se concentrava na busca pelas causas e seguia um princípio analítico no sentido justo do termo: "A unidade deste mundo parece-me algo evidente, que não é digno de ser salientado. O que me interessa é a separação e a estruturação daquilo que, de outra forma, confluiria em um caldo primordial".[2] Essa postura, que concebia o conhecimento como dissecação, também alimentou a abordagem de Freud a respeito da teoria da cultura, tal como observada em seu estudo de 1919 sobre "O incômodo". Tratava-

---

1 O original, disponibilizado pelo autor para o presente volume, é parte da obra *Sigmund Freud, der Arzt der Moderne: eine Biografie* (pp. 623-632). München: C. H. Beck, 2016.

2 Freud, S.; Andreas-Salomé, L. (1966). *Briefwechsel* (E. Pfeiffer, Org.). Frankfurt am Main: Fischer, p. 36 ([N.T.]: Em português brasileiro, traduzido do inglês: Freud, S.; Andreas-Salomé, L. (1975). *Correspondência completa* (D. Flacksman, trad.). Rio de Janeiro: Imago, p. 49.)

-se de um trabalho "não necessário", escreveu ele a Ferenczi em 10 julho de 1919, após concluir o manuscrito.[3] Isso refletia uma elegante indiferença em relação ao seu próprio interesse de pesquisa; indiferença que não se deve avaliar de modo incorreto. Freud sabia exatamente por que razão estava sempre ocupado com fenômenos culturais: neles se davam a ler as linhas mestras de sua ciência, e por meio deles o próprio Freud tomava conhecimento — às vezes, para a sua própria surpresa — do alcance da psicanálise.

O conceito de incômodo foi investigado por Freud primeiramente de um ponto de vista etimológico. Entre os seus avalistas mais importantes estavam os irmãos Grimm, Daniel Sanders (com seu *Wörterbuch der deutschen Sprache*) e o psiquiatra Ernst Jentsch (que, em 1906, havia publicado o seu estudo sobre a "Psicologia do incômodo"). Outras comprovações da utilização do termo nas belas-letras vieram de Theodor Reik, a cuja extensa busca e a cujo trabalho preliminar uma nota de rodapé fazia referência em agradecimento. No final de seu percurso pela história da significação do termo, Freud lembrou a definição de Schelling, oriunda da 28ª Palestra de *Philosophie der Mythologie* [*Filosofia da mitologia*] (1842), que dizia textualmente o seguinte: "chama-se *unheimlich* tudo o que deveria permanecer em segredo, dissimulado,

---

3 Freud, S.; Ferenczi, S. (1996). *Briefwechsel* (Vol. II/2 [1917-1919]) (E. Falzeder; E. Brabant; P. Giamperi-Deutsch, Org.). Wien: Bohlau, p. 247 ([N.T.] Freud já lhe havia escrito que, se comparado a *Além do princípio de prazer*, o ensaio não passava de uma "ninharia". Cf. a carta a Ferenczi de 12/5/1919, p. 236.)

em latência, e veio à tona".⁴ Com essa definição, Schelling delineara um nexo psicológico que se tornou princípio norteador para o desenvolvimento da investigação. O incômodo lembra um nível do recalcado anímico que, contra as intenções da consciência, vem à tona, desencadeando assim o medo. Freud, contudo, reproduziu a máxima de Schelling indiretamente — o incômodo "é algo que deveria ter permanecido dissimulado [...] e veio à tona"⁵ —, e o fato de sua paráfrase deixar passar o conceito de "latente" pode se dever a duas diferentes razões: ou ele só conhecia a citação de segunda mão e de forma incompleta; ou então quis ocultar a grande proximidade com a terminologia psicológica de Schelling, para não ver posta em questão a originalidade de suas reflexões. Nesse caso, o trato com Schelling seria comparável à sua relação com os trabalhos de Schopenhauer e Nietzsche — expressão daquele "receio do duplo", que ele admitiria a Arthur Schnitzler em maio de 1922.⁶ Isso conteria um toque bastante sugestivo, pois o duplo era precisamente algo que desempenharia um impor-

---

4 Schelling, F. W. J. (1842/1857). Philosophie der Mythologie [Vorlesung 28]. In *Sämtliche Werke*, zweite Abteilung, zweiter Band (p. 649). Sttutgart/Augsburg: Cotta. Recuperado de archive.org/details/smtlichewerke02sche. Cf. também: von Hartmann, E. (1869/1923). *Philosophie des Unbewußten*, 3 vols. (12a ed., p. 311). Leipzig: A. Kröner. Por mais diferentes que sejam essas abordagens, elas estão unidas pela tendência de ver o inconsciente apenas como um complemento do consciente.

5 Cf. neste volume: Freud, S. (1919). *O incômodo*, p. 61 e 93.

6 Freud, S. (1960). *Briefe 1873-1939* (E. Freud; L. Freud, Org.). Frankfurt am Main: Fischer, p. 339. ([N.T.]: Cf., neste volume, Freud, S. (1919). *O incômodo*, pp. 110-112, n. 93.)

tante papel no artigo de Freud, como aquilo que desencadeia o temor a que o incômodo dá vazão.

O termo "incômodo" designa o "não cômodo" que gera medo porque provém de algo recalcado (individualmente) ou de algo superado (culturalmente). Afeta-nos de modo incômodo aquilo que nos lembra dos restos presentes no inconsciente e que, no estágio de latência, parece ameaçador; mas incômodo é também aquilo que remete a etapas arcaicas de nossa história enquanto espécie e carrega os traços de um bem cultural que ficou submerso. A primeira fonte do incômodo é a sexualidade recalcada, a qual se manifesta no medo. A leitura freudiana do conto "O Homem da Areia" (1816), de E. T. A. Hoffmann, enfatiza essa conjunção ao interpretar como mote principal o temor que o herói tem da castração. Ela não se limitou, de forma alguma, à confirmação de teorias psicanalíticas; em vez disso, partiu do fato de que a arte seria um objeto de estudo ideal para elas por conta dos sentimentos mistos a que ela dá vazão. Diferentemente de trabalhos anteriores, Freud seguiu um entendimento moderno da experiência estética, que também admitia entre seus componentes o que é repugnante, o que é desalentador ou o que suscita medo. O universo das letras — não mais tão belas assim — do romantismo obscuro serviu-lhe aí como pedra de toque para uma psicologia dos afetos, a qual, por sua vez, seguiu as familiares trilhas do discernimento analítico.

E. T. A. Hoffmann é um mestre do incômodo que gosta de deixar os seus leitores na incerteza a respeito de seus personagens. Se eles estão cindindo-se em duplos, replicando-se em homens-máquinas ou apenas fantasiando no interior de sua loucura é algo que muitas vezes não fica claro. O fascínio das suas narrativas reside precisamente no fato de elas não fazerem uma distinção evidente entre imaginação e realidade, o que, em contrapartida, desencadeia o efeito incômodo. Freud leu o conto do Homem da Areia como uma medonha visão infantil que se alimenta do temor da castração. O pequeno Natanael[7] ouve uma história da carochinha sobre o Homem da Areia, que rouba os olhos das crianças, e imagina que o incômodo advogado Coppelius (um sócio de seu pai) seja a sua encarnação. Afigura-se a Natanael, amedrontado, que o velho repugnante lhe quer mal e pretende arrancar-lhe os olhos. Que isso refletisse o temor da castração era, para Freud, ponto pacífico. Ele se referiu enfaticamente ao *Édipo Rei*, de Sófocles, e à autopunição por cegamento, em que os olhos são considerados um símbolo substituto do membro masculino — Édipo condena a si mesmo castrando-se simbolicamente.[8] O famoso conto de Hoffmann culmina no suicídio do protagonista quando adulto: Natanael não consegue perder o medo da castração; ele fantasia que o incômodo Coppelius o persegue, cada vez com uma aparência diferente; e, por fim, atira-se do alto de uma torre quando acredita tê-lo avistado novamente.[9]

---

7 Cf. p. 67, n. 39 [N.T.].

8 Sófocles (~420 a.C./2001). *Édipo rei* (T. Vieira, trad.). São Paulo: Perspectiva [N.T.].

9 Hoffmann, E. T. A. ([1815]1816/2017). O Homem da Areia. In *O reflexo perdido e outros contos insensatos* (pp. 76-116, M. A. Barbosa, trad.). São Paulo: Estação Liberdade; trad. modificada.

A análise de Freud parte de duas motivações do incômodo. A primeira está relacionada ao medo da castração que leva à projeção, a imagens representacionais e a fantasias carregadas de temor. A segunda é alimentada pela ambivalência em que Hoffmann insere o acontecimento. Já que não sabemos se Natanael está enlouquecendo e a realidade está distorcida ou se ele está sendo perseguido por demônios reais, sentimo-nos divididos, enquanto leitores, entre o apaziguamento comandado pela razão e a inquietude.[10] Freud indica o romance de Hoffmann, *Os elixires do diabo* ([1814]1815), como mais um exemplo dessa técnica. Como ele achava o texto "profuso e intricado" demais a ponto de não ousar resumi-lo, limitou-se a fazer alguns destaques.[11] O incômodo alimenta-se sobretudo do mote do duplo, que perpassa todo o romance. Ele se revela em toda uma variedade de permutações, divisões, repetições: versões do fantástico que interrogam a nossa habilidosa percepção cotidiana e minam a nossa capacidade de julgamento. Nesse contexto, Freud lembra o grande estudo de Otto Rank sobre o mote do duplo, publicado em 1914, a cujos resultados ele remete muito respeitosamente.[12] Esse *topos* é psicanaliticamente significativo, em especial para o narcisismo. O fato de a pessoa se ver refletida em figuras especulares e cisões é algo que faz parte do antigo rol de recursos do seu amor-próprio. Mas, ao mesmo tempo, Freud sabe, por experiência própria,

---

10 Cf. neste volume: Freud, S. (1919). *O incômodo*, pp. 68-69.

11 Cf. neste volume: Freud, S. (1919). *O incômodo*, pp. 77-78.

12 Rank, O. (1914). Der Doppelgänger. *Imago*, 3(2), 97-164.

como esse mote se liga fortemente a um mal-estar afetivo — por exemplo, o temor de que alguém tivesse se antecipado a ele, pensado e escrito o mesmo que ele pretendia escrever.

Um segundo elemento desencadeador de medo também provém do conhecido repertório de mecanismos anímicos:

> O fator da repetição de elementos semelhantes talvez não seja reconhecido por todos como fonte do sentimento incômodo. De acordo com minhas observações, sob certas condições e em combinação com certas circunstâncias, isso evoca indubitavelmente um sentimento como esse — o que, além do mais, lembra o desamparo de alguns estados oníricos.[13]

A essa altura, Freud recorda-se de algo por ele vivido em uma pequena cidade italiana quando, durante um passeio, chega por acaso a uma zona de prostituição e, ao tentar sair de lá rapidamente, acaba retornando outras duas vezes, como se algo mágico o guiasse pela mão.[14] Essa cena lembra "Das Märchen der 672. Nacht" ["O conto da 672ª Noite"] (1895), de Hugo von Hofmannsthal, que versa sobre a atração pelo sórdido-repulsivo.[15] Enquanto transeunte, Freud repete,

---

13 Cf. neste volume: Freud, S. (1919). *O incômodo*, p. 83. Cf. a esse respeito: Cixous, H. (1972). La fiction et ses fantômes: une lecture de l'*Unheimliche* de Freud. *Poétique*, 10, 199-216; Hertz, N. (1985/1994). Freud e o Homem da Areia. In *O fim da linha: ensaios sobre a psicanálise e o sublime* (pp. 117-141, J. C. Guimarães, trad.). Rio de Janeiro: Imago.

14 Cf. neste volume: Freud, S. (1919). *O incômodo*, pp. 83-85.

15 Com a morte dos pais, o jovem filho de um rico comerciante afasta-se da vida

como se estivesse em um rito de passagem, o encontro com o sombriamente excitante mundo do meretrício. O incômodo dessa conjunção consiste no fato de que, sem intenção consciente, comandado por uma força pulsional irracional que lhe permanece incompreensível, ele cai três vezes na zona lupanária. Nessa situação, ele próprio sente a atração pelo proibido, ao qual, tentando fugir, continua repetidamente a se render. Com essa mesma lógica opera o incômodo do conto hoffmanniano, no decorrer do qual, sob o ditame da repetição, Natanael provoca a sua própria queda.

Duplicidade e repetição consistem em manifestações do medo que fazem Freud lembrar de práticas mágicas. Sua fonte é o narcisismo, porque nelas a pessoa cria para si figuras especulares de suas próprias disposições anímicas. As formas produzidas pelo pensamento mágico refletem o eu, corporificando seus medos e desejos.[16] Por outro lado, a percepção do incômodo também pode ser vista como uma confirmação dos impulsos obscuros no interior da própria pessoa — quando ela, ao se deparar com algo repugnante e ameaçador, toma ciência de seus lados sombrios. Com isso, por fim, o encontro

---

social para viver em seu próprio mundo. Embora amante da beleza, o rapaz é sempre invadido pela ideia sombria da própria morte, que ele imagina esplendorosa. A certa altura da narrativa, porém, vagando pelas ruas "feito um estrangeiro", ele vai parar numa zona de prostituição. A partir daí, a sequência dos fatos vai conduzi-lo a uma morte nada suntuosa, diga-se de passagem, sob os cascos de um cavalo. Cf. von Hofmannsthal, H. (1895). Das Märchen der 672. Nacht. In *Das Märchen der 672. Nacht und andere Erzählungen* (pp. 7-46). Wien/Leipzig: Wiener Verlag [N.T.].

16 Cf. neste volume: Freud, S. (1919). *O incômodo*, pp. 91-92.

com as figuras do medo a leva de volta às conjunções psicológicas recalcadas, àquela latência da qual Schelling já falava em vista da ilícita revelação do que estava dissimulado. "O incômodo", escreveu Freud, "é, portanto, também nesse caso, algo outrora bem acomodado, há muito familiar. O prefixo *in-* nessa palavra é, todavia, a insígnia do recalcamento".[17] Em 1937, ele haveria de dizer: "Às vezes bem se pode duvidar de que os dragões dos primórdios estejam realmente extintos".[18] Por fim, Freud distingue entre o incômodo vivencial, que reaviva desejos infantis, e o incômodo ficcional, cujas variações são mais versáteis, pois o escritor não permanece preso às leis do "teste de realidade".[19] Os meios de que a literatura dispõe também incluem o engano, o astuto encobrimento das articulações de fundo ou a protelação do esclarecimento. Freud não faz segredo quanto ao fato de considerar suspeitas tais formas de manipulação poética; assim, recrimina o conto de Schnitzler, "A profecia" — publicado em 1905 na edição de Natal do jornal vienense *Neue Freie Presse* —, por simpatizar "com o maravilhoso".[20] Habilidosamente orquestrada, a história de Schnitzler volta-se, de fato, para elementos especulati-

---

17 Cf. neste volume: Freud, S. (1919). *O incômodo*, p. 101.

18 Freud, S. (1937/2016). A análise finita e a infinita. In *Fundamentos da clínica psicanalítica* (pp. 315-364, C. Dornbusch, trad.) (Obras incompletas de Sigmund Freud). Belo Horizonte: Autêntica, p. 331; trad. modificada.

19 Cf. neste volume: Freud, S. (1919). *O incômodo*, p. 108.

20 Cf. neste volume: Freud, S. (1919). *O incômodo*, p. 110. Schnitzler, A. ([1902] 1905/2007). A profecia (W. Lagos, trad.). In B. Tavares (Org.), *Freud e o estranho: contos fantásticos do inconsciente* (pp. 274-303). Rio de Janeiro: Casa da Palavra.

vos e revela o acaso como a providência oculta. Para Freud, ali havia sido cruzada a fronteira de um procedimento de manipulação que faz do escritor um psicagogo.

Depois de Freud, a teoria cultural pós-moderna interpretará o incômodo sobretudo como epítome da violência latente, da exclusão e da estrangeiridade.[21] Em se tratando da transposição de achados psicológicos para outros campos, o próprio Freud tendia a fazer julgamentos menos genéricos. O elemento desencadeador do medo, como ele haveria de enfatizar em 1925, nunca foi o mundo pulsional, mas somente o eu.[22] Só o consciente ou o pré-consciente podem ter medo, pois a pulsão não apresenta estrutura afetiva, apenas dá vazão a emoções. De um modo geral, no entanto, conforme ele afirmava, sabemos pouquíssimo sobre a "psicologia dos processos emocionais".[23] Na maioria dos casos, seria possível reconhecer, com traquejo analítico, a que conjunção o respectivo afeto responde, embora sua composição e sua estrutura específicas sejam desconhecidas. Luto, melancolia, medo, fobia, avidez: todas essas categorias afetivas denotam algo que está ausente, evidenciando-o e presentificando-o de modo oblíquo; porém, ao mesmo tempo, encobrem os seus próprios ingredientes, os seus princípios ativos e as partículas de que são feitas. Quanto

---

21 Para uma perspectiva geral, cf. Bhabha, H. K. (1994/1998). *O local da cultura* (M. Ávila; E. L. Reis; G. R. Gonçalves, trad.). Belo Horizonte: Editora da UFMG.

22 Freud, S. ([1925]1926). *Inibição, sintoma e medo* (R. Zwick, trad.). Porto Alegre: L&PM, p. 75.

23 Freud, S. ([1925]1926). *Inibição, sintoma e medo* (R. Zwick, trad.). Porto Alegre: L&PM, p. 163.

a isso, a investigação do incômodo esclareceu apenas quais seriam os elementos desencadeadores do "temor de poltrona" durante a leitura de contos de terror, mas quase nada de sua anatomia psíquica.

As histórias de horror não são escritas apenas pela literatura, mas também pela vida. Uma delas ocorre poucos dias depois de Freud ter terminado seu artigo sobre o incômodo. O personagem principal é Viktor Tausk: o discípulo complicado e malquisto, membro do círculo vienense havia muitos anos.[24] Tausk conclui sua residência em medicina no verão de 1914 e depois passa todo o período da guerra atuando como oficial médico na frente de batalha, principalmente nos Bálcãs — por último, em Belgrado. Nos hospitais militares, ele havia se deparado com os mais temíveis ferimentos e sofrido experiências traumáticas que, como Freud iria constatar mais tarde, causaram "danos anímicos severos".[25] Olhando de fora, desde o outono de 1918, suas condições pareciam ter melhorado: Tausk deixara o serviço militar; retornara a Viena; tentara se estabelecer como terapeuta em consultório particular;

---

24 Viktor (também grafado Victor) Tausk nasceu em 1879 na cidade de Žilina (parte do Reino da Hungria à época; atualmente, território eslovaco). Tomara conhecimento do trabalho de Freud em 1907 e, a convite dele, mudou-se para Viena em 1908, vindo de Berlim, onde morava desde 1906 e trabalhava como jornalista e escritor. Foi no ano seguinte, 1909, que se tornou membro da Sociedade Psicanalítica de Viena [N.T.].

25 Freud, S. (1919/2010). Victor Tausk (1879-1919). In *História de uma neurose infantil (O Homem dos Lobos), Além do princípio do prazer e outros textos* (pp. 402-405, P. C. de Souza, trad.) (Obras completas, Vol. 14). São Paulo: Companhia das Letras, p. 403.

planejava sua livre-docência e, após anos de relacionamentos amorosos inconstantes, estava inclusive prestes a se casar com a pianista Hilde Loewi, 16 anos mais jovem.[26] Mas as pesadas vivências da guerra — que também eram tema de seus trabalhos científicos[27] — e a forte enfermidade neurótica a elas associada não puderam ser eliminadas de modo permanente.

No congresso mundial, em Budapeste, ao final de setembro de 1918, Tausk falou sobre "A psicanálise da função judicativa", um ambicioso tema localizado na zona de fronteira com a pesquisa sobre cognição.[28] Durante todo o dia, ele deu impressão de estar ausente, desestruturado de um modo quase fantasmagórico. Depois de sua palestra, teve um colapso e vomitou.[29] Fiel a seus princípios, Freud manteve distância em relação a ele, pois tinha dúvidas quanto à confiabilidade e à integridade científicas de Tausk. No passado, pessoas com temperamento difícil, como Adler, Stekel e Gross, haviam

---

26 Hilde Loewi, que era paciente de Tausk, havia nascido em Viena em 1895 e morreria em Londres em 1976. A nota oficial anunciando o casamento foi publicada no mesmo dia da morte do noivo [N.T.].

27 Cf. os artigos de G. Tréhel: "Victor Tausk (1879-1919) et la médecine militaire", *L'information psychiatrique*, 82(3), 2006, pp. 239-247; "Victor Tausk (1879-1919): une théorisation sur les psychoses de guerre", *Perspectives Psy*, 50(2), 2011, pp. 162-175 [N.T.].

28 A segunda parte da programação científica do evento, na qual consta a contribuição de Tausk ("Psychoanalyse der Urteilsfunktion"), encontra-se em *Internationale Zeitschrift für ärztliche Psychoanalyse* [*Revista internacional de psicanálise médica*], 5(1), 1919, p. 55. Recuperado de archive.org/details/InternationaleZeitschriftFuumlraumlrztlichePsychoanalyseBandV1919 [N.T.].

29 Roazen, P. (1969/1995). *Irmão animal: a história de Freud e Tausk* (S. Titan Jr., trad.). Rio de Janeiro: Imago, p. 75.

provado não serem capazes de atuar como continuadores da psicanálise porque possuíam estruturas de personalidade que se mantinham demasiado instáveis. Além disso, ele também sentira que Tausk o elevara ao estatuto de figura paterna, o que desencadeou nefastas memórias de seu rompimento com Jung.[30] Em vista dos recorrentes conflitos com seus discípulos — sobretudo Ferenczi e Jones —, Freud não sente vontade alguma de levar para casa um novo filho cheio de complexos e fantasias projetivas.

Em dezembro de 1918, Tausk vai visitar Freud na Berggasse e lhe pede que o receba em terapia. No entanto, sua solicitação é recusada, e ele é encaminhado à psiquiatra Helene Deutsch, a qual, por sua vez, está em tratamento com Freud.[31] A jovem, então com 35 anos de idade, havia terminado os estudos em medicina na cidade de Viena em 1912; concluíra sua residência no hospital universitário como assistente de Wagner-Jauregg[32] e fazia parte do círculo em torno de Freud

---

30 O rompimento definitivo havia ocorrido em 1914, quando Jung deixou a presidência da Associação Psicanalítica Internacional (IPA) [N.T.].

31 Helene (Rosenbach) Deutsch (1884-1982) havia nascido na cidade de Przemyśl, na Galícia polonesa. Iniciara seus estudos em Medicina na Universidade de Viena em 1907. Sua análise com Freud começou no outono de 1919 e durou por volta de um ano [N.T.].

32 Julius Wagner-Jauregg (1857-1940), neurologista e psiquiatra, estudou na Universidade de Viena, lecionando ali e na cidade de Graz. Por constatar que doenças febris prolongadas pareciam ter uma influência positiva em pacientes com paralisia geral, desde 1910 vinha induzindo febre nesses doentes — método que ficaria conhecido como "malarioterapia" e cujo êxito lhe irá render, em 1927, o Nobel de Fisiologia e Medicina [N.T.].

Das zonas do incômodo

desde 1918. Como médica, dispunha de experiência prática com casos difíceis; como terapeuta, porém, estava apenas no início de sua trajetória. Já em março de 1919, ela interrompe a análise de Tausk, aparentemente por pressão de Freud. As razões para tanto só podem ser conjecturadas: provavelmente causava contrariedade a Freud que o caso de Tausk lhe fosse relatado em detalhe pela discípula; e que, assim, à sua revelia, ele acabasse se tornando o analista do pupilo difícil. Ele ameaça encerrar a análise didática de Helene Deutsch caso ela continue o tratamento com Tausk.[33] Naquela ocasião, Freud reagiu com a frieza de que era capaz quando queria garantir o próprio sossego. Tausk era um intruso que não trazia clareza alguma ao mundo, alguém que parecia incurável; não de todo desguarnecido pela vida, na verdade, mas alguém que atraía desgraças e catástrofes em suas empreitadas totalmente infelizes.

Freud queria manter Tausk à distância pois também tinha pouco apreço por suas contribuições científicas: os estudos sobre o psiquismo dos desertores, sobre a esquizofrenia e as definições da masturbação — redigidos após 1918, em breves intervalos de tempo entre eles — pareciam-lhe metodologicamente desleixados e conceitualmente incongruentes. Ele considerava típico dessa tendência o artigo "Sobre a gênese do 'aparelho influenciador' na esquizofrenia", publicado em 1919, no qual Tausk defendia a tese de que muitos psicóticos

---

33 Roazen, P. (1969/1995). *Irmão animal: a história de Freud e Tausk* (S. Titan Jr., trad.). Rio de Janeiro: Imago, p. 104.

nutririam a ideia de que uma máquina invisível lhes monitoraria o pensamento e manteria toda a sua vida sob permanente observação. Os paranoicos, justamente, imaginariam que um aparelho como esse seria instrumento de seus supostos perseguidores, os quais, de maneira ameaçadora, teriam demonstrado a sua superioridade por meio do avanço técnico — um diagnóstico que encontrou pouca ressonância na psiquiatria, mas que certamente deixou rastros na midialogia e nos estudos culturais até os dias de hoje.[34] É com desconfiança que Freud toma conhecimento das experimentações de Tausk, pois elas não procuram estabelecer nenhuma relação com os seus princípios metodológicos — em particular com a teoria da libido. Ao mesmo tempo, observa que Tausk se apropriava de modo intuitivo das suas ideias para continuar a processá-las no seu próprio sistema de pensamento — uma circunstância que, como confessou a Helene Deutsch, lhe era "incômoda".[35] O filho aparece aqui como um espectro repugnante de si mesmo e como um neurótico que dá expressão a seus sentimentos agressivos, imitando-o de maneira distorcida. Freud viu que Tausk havia deixado o solo da análise orto-

---

34 Tausk, V. (1919). Über die Entstehung des "Beeinflussungsapparates" in der Schizophrenie. *Internationale Zeitschrift für Psychoanalyse*, 5, 1-33. ([N.T.]: Em português brasileiro, traduzido do francês: Da gênese do "aparelho de influenciar" no curso da esquizofrenia. In J. Birman (Org.), *Tausk e o aparelho de influenciar na psicose* (pp. 37-77). São Paulo: Escuta.) Desdobramento poético em: Cole, P. (2014). *The Invention of Influence*. Chicago: New Directions Publishing Corporation.

35 Roazen, P. (1969/1995). *Irmão animal: a história de Freud e Tausk* (S. Titan Jr., trad.). Rio de Janeiro: Imago, p. 85; trad. modificada.

doxa e encontrava-se numa viagem rumo a uma terra habitada por renegados, como Adler e Stekel.

Mesmo após a interrupção da análise com Helene Deutsch, o contato com Freud se manteve, pois Tausk frequentava regularmente os encontros da associação local vienense. Ele participava das discussões e parecia seriamente engajado em seu trabalho científico. Havia uma reunião ordinária marcada para quarta-feira, dia 2 de julho de 1919, mas Tausk não compareceu; enviara uma carta à Berggasse pela manhã dizendo: "Peço desculpas pela minha ausência no encontro de hoje. Estou às voltas com levar a cabo assuntos particulares decisivos e não quero, no contato com o senhor, ficar tentado a pedir sua ajuda".[36] Um dia depois, na manhã de 3 de julho de 1919, fica claro o que Tausk quer dizer com "levar a cabo". Ele sobe numa cadeira com um revólver do Exército na mão, faz com a cortina um laço ao redor do pescoço, amarra-a à viga do teto do quarto e dispara contra si mesmo. A bala que lhe parte o crânio acaba derrubando-o da cadeira e, com isso, quebrando-lhe o pescoço — um suicídio duplamente garantido no qual nada foi deixado ao acaso[37] (três anos e meio depois, esse episódio encontra um desdobramento no suicídio de Herbert

---

36 Roazen, P. (1969/1995). *Irmão animal: a história de Freud e Tausk* (S. Titan Jr., trad.). Rio de Janeiro: Imago, p. 118; trad. modificada. O original da carta encontra-se em: Roazen, P. (1969/1973). *Brudertier. Sigmund Freud und Viktor Tausk: die tragische Geschichte eines Konflikts* (F. Herborth, trad.). Hamburg: Hoffmann und Campe, p. 12.

37 Cf. Eissler, K. R. (1998). *Le suicide de Victor Tausk: avec les commentaires du Professeur Marius Tausk*. Paris: PUF [N.T.].

Silberer, antigo membro do círculo).[38] Na noite do dia 3 de julho, Freud recebe a notícia do ato de desesperança de Tausk e, na manhã seguinte, a carta de despedida a ele redigida (uma segunda fora enviada para a noiva, Hilde Loewi):

> Agradeço-lhe por todas as coisas boas que me proporcionou. Foram muitas e preencheram os últimos dez anos de minha vida. A obra do senhor é genuína e grandiosa; deixo esta vida com a convicção de que fui um dos que testemunharam o triunfo de uma das maiores ideias da humanidade.[39]

Em seu testamento, Tausk ordenou que os seus manuscritos científicos fossem queimados. Ao contrário de Max Brod, que desrespeitou essa última vontade de seu amigo Franz Kafka, amigos e parentes seguiram as instruções do morto. Diz-se que levou um dia inteiro até que a última folha do espólio fosse carbonizada na lareira.[40] De Tausk só foi preservado o que fora publicado em vida. O impacto de seus trabalhos permaneceu limitado, e isso também muito provavelmente porque, na zona de fronteira entre filosofia

---

38 Roazen, P. (1975/1978). *Freud e seus discípulos* (H. L. Dantas, trad.). São Paulo: Cultrix, p. 381. Silberer se matou em janeiro de 1923, pendurando-se na estrutura em cruz que dividia a janela de seu apartamento, com uma lâmpada elétrica apontada para o próprio rosto.

39 Roazen, P. (1969/1995). *Irmão animal: a história de Freud e Tausk* (S. Titan Jr., trad.). Rio de Janeiro: Imago, p. 122; trad. modificada.

40 Roazen, P. (1969/1995). *Irmão animal: a história de Freud e Tausk* (S. Titan Jr., trad.). Rio de Janeiro: Imago, p. 28.

e clínica — dois campos que foram considerados igualmente problemáticos na escola vienense —, eles foram além da metodologia psicanalítica ortodoxa. Em seu obituário, que foi publicado anonimamente na *Internationale Zeitschrift für Psychoanalyse* [*Revista internacional de psicanálise*],[41] Freud explicou que Tausk havia se tornado uma "vítima" da guerra porque não tinha se recuperado das suas experiências traumáticas na frente de batalha.[42] Enalteceu-lhe o dom literário, o talento como orador e o sólido conhecimento em filosofia — um elogio ambíguo, haja vista as suas próprias reservas em relação a esse campo do saber. Chegou até a salientar as suas contribuições para a esquizofrenia, mas silenciou a respeito de ele próprio ter tido certa desconfiança em relação a Tausk no âmbito científico e ter se recusado a reconhecê-lo.[43]

---

41 Cf. "† Victor Tausk", *Internationale Zeitschrift für Psychoanalyse*, 5(2), 225-227, 1919. O texto é assinado pela redação do periódico [N.T.].

42 Esse é o mesmo argumento utilizado por Freud numa carta a Oskar Pfister em 13 de julho de 1919: "O Dr. Tausk pôs fim à sua vida. Um grande talento, mas uma pessoa perseguida pelo destino, uma vítima tardia da guerra. O senhor o conheceu?" (Freud, E.; Meng, H. (Org.). (1998). *Sigmund Freud, Oskar Pfister: Briefe [1909-1939]* (2a ed.). Frankfurt am Main: Fischer, p. 73) [N.T.].

43 Freud, S. (1919/2010). Victor Tausk (1879-1919). In *História de uma neurose infantil (O Homem dos Lobos), Além do princípio do prazer e outros textos* (pp. 402-405, P. C. de Souza, trad.) (Obras completas, Vol. 14). São Paulo: Companhia das Letras. ([N.T.]: Cumpre ressaltar que, dois anos antes, Freud havia chamado a atenção, em nota, para um trabalho de Tausk publicado em 1913: "O ponto de vista econômico recebeu até agora pouca consideração nos trabalhos psicanalíticos. Como exceção, mencione-se o artigo de V. Tausk, 'A perda de valor, por meio de recompensações, da motivação do recalcamento'" (Freud, S. (1917/2011). *Luto e melancolia* (M. Carone, trad.). São Paulo: Cosac Naify; trad. modificada). Além disso, no próprio ano de 1919, em nota inserida à sexta edição revisada de outra de

Escreveu a Lou Andreas-Salomé, no dia 1º de agosto de 1919, comentando com brutal franqueza a técnica do suicídio, dizendo que Tausk havia "posto fim à sua existência de uma forma meticulosa". E acrescentou:

> Afinal, lutou a vida toda com o fantasma do pai. Admito que não sinto propriamente falta dele; por muito tempo o considerei sem serventia, até mesmo uma ameaça para o futuro. Tive ocasião de vislumbrar os alicerces em que se apoiavam as suas imponentes sublimações, e eu o teria deixado cair por terra há tempos se a senhora não o tivesse elevado tanto em meu conceito.[44]

No ano de 1966, ao editar a correspondência entre Freud e Lou Andreas-Salomé, Ernst Pfeiffer apagou essas frases impiedosas por sugestão de Anna Freud. Como ela esclareceu à editora Fischer, o corte teria sido feito em consideração aos filhos de Tausk, que ainda estavam vivos na época.[45] Se houve

---

suas obras, o mesmo artigo recebe elogios de Freud, sendo qualificado como "um belo trabalho". Ali também, aliás, o autor chega a citar duas vinhetas publicadas por Tausk poucos anos antes: cf. Freud, S. (1901). *Psicopatologia da vida cotidiana* (R. Zwick, trad.). São Paulo: L&PM, pp. 125-126; pp. 265-266; n. 24, p. 309.)

44 Impresso na íntegra em: Roazen, P. (1969/1995). *Irmão animal: a história de Freud e Tausk* (S. Titan Jr., trad.). Rio de Janeiro: Imago, pp. 130-131.; trad. modificada. Com omissão das passagens críticas: Freud, S.; Andreas-Salomé, L., (1966). *Briefwechsel* (E. Pfeiffer, Org.). Frankfurt am Main: Fischer, pp. 108-109. ([N.T.]: Em português, na íntegra, traduzido do inglês: *Correspondência completa* (D. Flacksman, trad.). Rio de Janeiro: Imago, 1975, pp. 132-133; trad. modificada.)

45 Para mais informações a respeito de Anna Freud, cf. Clark, R. W. (1980). *Freud: the man and the cause*. London: J. Cape & Weidenfeld & Nicolson, pp. 450, 634

discrição aqui, porém, foi provavelmente em favor do próprio Freud, que nesse caso revelou falta de empatia e egoísmo. Não foi a imagem de Tausk, mas a de seu pai, que Anna procurou manter imaculada por meio dessa intervenção editorial.

À primeira vista, Lou Andreas-Salomé respondeu menos friamente à notícia do suicídio de Tausk, mas de um modo muitíssimo ambivalente:

> Eu gostava dele. Acreditava conhecê-lo, e mesmo assim jamais teria pensado em suicídio (ao que me parece, um bem-sucedido ato de morte voluntária — ou seja: não foram tentativas, não foram ameaças — é, em certo sentido, mais provavelmente um atestado de saúde do que o oposto).[46]

Por trás da declaração de simpatia, também havia ali um tom de cortante mordacidade, que Lou dominava tão bem quanto Freud. Se quisessem, ambos podiam demonstrar uma generosa obsequiosidade com os mais jovens. Mas, a partir do momento em que as suas posições, o seu sossego interno, o

---

([N.T.]: Tausk havia se casado com Martha Frisch em Viena no ano de 1900, com quem teve dois filhos: Marius, nascido em 1902, e Victor-Hugo, em 1904. O casal se separa em 1905, quando moravam na Iugoslávia, divorciando-se três anos depois. Cf. Tausk, M. (1973). Victor Tausk as Seen by His Son Marius Tausk. *American Imago*, 30(4), 323-335.)

46 Freud, S.; Andreas-Salomé, L. (1966). *Briefwechsel* (E. Pfeiffer, Org.). Frankfurt am Main: Fischer, p. 109 ([N.T.]: Em português, traduzido do inglês: *Correspondência completa* (D. Flacksman, trad.). Rio de Janeiro: Imago, 1975, p. 134; trad. modificada.)

baluarte de convicções adquiridas no passado ou a sua paz de espírito pessoal se vissem sob a ameaça de excessivas expectativas alheias, ambos reagiam com a mais completa rigidez do egoísmo. Nesse ponto, Lou e Freud apresentavam uma afinidade eletiva, unidos numa autorreferência que chocava os mais fracos, como Tausk. No próprio dia do suicídio, Paul Federn[47] — membro do círculo vienense desde os seus primórdios — escreveu abalado à sua esposa, dizendo que Tausk não teria se tornado um mártir se Freud tivesse suavizado a sua impiedosa "rigidez metodológica" e "oferecido a ele humanidade".[48] Assim, a triste história iluminou duas nuances diferentes do incômodo: o egocentrismo dos grandes espíritos e a origem da autodestruição por um amor insatisfeito. Por fim, contudo, o suicídio "meticuloso" de Viktor Tausk também acaba por confirmar o ensaio freudiano, que define o incômodo como o recalcado, como a obscura morada da alma humana.

---

47 Paul Federn (1871-1950) havia se formado em Medicina na Universidade de Viena em 1895, trabalhando no Hospital Geral da cidade até 1902, quando começou a atuar em consultório particular. Conheceu Freud no ano seguinte e passou a integrar a Sociedade das Quartas-Feiras. Em 1919, publicou o seu primeiro livro, que versava sobre a psicologia da revolução. Federn também cometerá suicídio utilizando uma arma de fogo, 31 anos depois, já nos Estados Unidos da América, para onde havia emigrado com a esposa, Wilma Bauer (1883-1949), e os filhos. Cf. Federn, P. (1919). *Zur Psychologie der Revolution: die Vaterlose Gesellschaft* [*Psicologia da revolução: a sociedade sem pai*]. Leipzig/Viena: Anzengruber-Verlag/Brüder Suschitzky. Recuperado de archive.org/details/Federn_1919_Revolution [N.T.].

48 Roazen, P. (1969/1995). *Irmão animal: a história de Freud e Tausk* (S. Titan Jr., trad.). Rio de Janeiro: Imago, p. 140-ss.; trad. modificada. Cf. a discussão acerca da questão da culpa em Eissler, K. (1971). *Talent and Genius: the Fictitious Case of Tausk contra Freud*. New York: Quadrangle, pp. 283-ss.

Índice onomástico

Adelung, Johann 56
Adler, Alfred 18, 140, 144
Alexis, Willibald 54, 58
Alighieri, Dante 109
Andersen, Hans Christian 103
Andreas-Salomé, Lou 129, 147, 148
Auerbach, Berthold 55
Bellows, Max 51
Brentano, Clemens 55
Brod, Max 145
Burmeister, Hermann 57
Campe, Joachim 30, 59
Chamisso, Adelbert von 57, 58
Deutsch, Helene 141, 142, 143, 144
Ellis, Havelock 18
Eppendorf, Heinrich 54
Ewers, Hanns Heinz 82
Federn, Paul 149
Ferenczi, Sándor 45, 130, 141

Finzi, Jacopo 18
Flügel, Felix 51
Forster, Georg 55, 57
Freud, Anna 147
Freud, Sophie 46
Georges, Karl 51
Gervinus, Georg Gottfried 55
Goethe, Johann W. von 55, 69, 97
Gotthelf, Jeremias 56
Grimm, Jacob 53, 61, 130
Grimm, Wilhelm 53, 61, 130
Grisebach, Eduard 65, 83
Gross, Otto 140
Gutzkow, Karl 56, 59, 60
Hagedorn, Friedrich von 58
Haller, Albrecht von 55
Hartmann, Moritz 55
Hauff, Wilhelm 98, 101, 112
Heine, Heinrich 59, 82, 118

Hering, Ewald 87
Heródoto 101
Hoffmann, Ernst Theodor Amadeus 35, 66, 73, 74, 77, 83, 132, 133, 134, 136
Hölty, Ludwig 54
Homero 109
Immermann, Karl 58, 59
Jentsch, Ernst 48, 50, 64, 65, 72, 76, 130
Jung, Carl 141
Kafka, Franz 145
Kammerer, Paul 88
Kerner, Justinus 55
Klinger, Friedrich 63
Kohl, Johann 55
Körner, Christian 55
Laube, Heinrich 59
Linck, H. E. 54
Loewi, Hilde 140, 145
Lombroso, Cesare 18
Lucas, Newton Ivory 51
Mack, Ernst 106
Möbius, Paul Julius 18
Muret, Eduard 51, 52
Nestroy, Johann 112
Nietzsche, Friedrich 131
Novalis 58
Offenbach, Jacques 66
Pestalozzi, Johann Heinrich 56
Pfeiffer, Ernst 147

Porto-Carrero, Júlio Pires 18
Rank-Minzer, Beata [Dra. Rank] 72
Rank, Otto 51, 72, 79, 80, 134
Reik, Theodor 51, 130
Reithard, Johann Jakob 56
Rollenhagen, Georg 57
Rost, Valentin 51
Saaler, Bruno 18
Sachs, Karl 52
Sanders, Daniel 51, 52, 53, 60, 61, 130
Schaeffer, Albrecht 97, 99
Schelling, Friedrich 59, 60, 61, 64, 93, 130, 131, 137
Schenkl, Karl 51
Scherr, Johannes 55
Schiller, Friedrich 62
Schlegel, Friedrich 58
Schleiermacher, Friedrich 64
Schnitzler, Arthur 110, 131, 137
Schopenhauer, Arthur 131
Seligmann, Siegfried 90
Shakespeare, William 72, 109, 124
Silberer, Herbert 145
Stekel, Wilhelm 18, 140, 144
Stumpf, Carl 54
Tausk, Viktor/Victor 139-149
Tieck, Ludwig 58
Tiedge, Christoph 55
Tolhausen, Louis 52
Twain, Mark 85
Villatte, Césaire 52

Wagner-Jauregg, Julius 141
Weinhold, Karl 56
Wieland, Christoph 55

Wilde, Oscar 113
Zinkgräf, Julius 57

Índice remissivo

A

acomodado
  heimisch 20, 50, 101, 104
adolescência
  jugendliches Alter 22
afeminado
  feminin 75
afeto
  Affekt 26, 27, 31, 34, 35, 36, 38
aflição
  bängliches Gefühl 28
álcool
  Alcoholrausch (intoxicação alcoólica) 39
  Berauschte (o embriagado) 36
alheio
  fremd 60, 79, 93
almas
  Seelen 33, 38, 47, 74, 78, 80, 81, 82, 88, 92, 93, 95, 96, 99, 109, 131, 135, 136, 139, 149
amor
  Liebe 57, 74, 100
  Liebesobjekt (objeto de) 75, 76
  Liebesüberschätzung (superestimação amorosa) 67
  narzisstische Liebe (narcísico) 76
  Selbstliebe (amor-próprio) 80, 134
anestesia
  Betäubung 27
animal
  Tier 30, 31, 54
  Biene (abelha) 58
  Drache (dragão) 137
  Elefant (elefante) 31
  fabelhaftes Tier (fabuloso) 36
  Lamm (cordeiro) 54
  Lindwurm (dragão, tipo de) 31

Schlange (serpente) 29

Storch (cegonha) 54

Stute (égua) 57

Vogelscheuche (espantalho) 31

Zug- und Lasttier (de tração e carga) 31

animismo
  Animismus 91, 92, 93, 96, 97, 99, 102, 105, 107, 108

ânimo
  Gemüt 30, 32, 34, 41

apreensão
  Ängstlichkeit 73

apuro
  Beklemmung 30

associação
  Assoziation 22, 25, 31
  Assoziationszwang (compulsão à) 40

assombrar
  spuken 94, 100

assustador
  gräßlich 112

autocrítica
  Selbstkritik 81

autômato
  Automat 34, 35, 65, 70

avidez
  Begierde 138

B

boneca
  Puppe 33, 65, 66, 70, 72, 75, 76, 77

boneco
  Figur 32, 33, 65
  Puppe 103

C

cadáver
  Leiche 94
  toter Körper (corpo morto) 41

calafrio
  Horror 35

castração
  Kastration 73, 74, 75, 76, 80, 96, 99, 101, 106, 132, 133

censura
  Zensur 81

ciência
  Wissenschaft 23, 42, 94, 95, 129, 130, 140

comoção
  Gemütsbewegung 26, 30, 34, 38, 40

cômodo (adj.)
  heimlich 50, 53, 60, 64, 93, 101

consciência
  Bewusstsein 24, 25, 29, 39, 40, 81

consciência moral
  Gewissen 81

conto (maravilhoso) / fábula

   Märchen 98, 101, 102, 103, 108, 109, 113

crânio

   Schädel 41, 144

criança / infantil

   Kind 24, 26, 28, 30, 34, 36, 37, 67, 68, 69, 75, 77, 80, 88, 99, 100, 104, 106, 107, 113, 133

   Kindheit (infância) 22, 67, 69, 75

D

delírio

   Delirium 68, 70

   Delirante (o delirante) 36

   Wahnsystem (sistema delirante) 40

demônio / demoníaco

   Dämon / dämonisch 37, 39, 53, 72, 73, 82, 88, 98, 109, 134

depressão

   Depression 27

desaconchego

   Ungemütlichkeit 32

desagradável

   unangenehm 31, 33, 34

desalentador

   bedrückend 132

desamparo

   Hilflosigkeit 37, 83, 85, 135

desconforto

   Missbehagen 21, 33

desejo

   Wunsch 41, 75, 77, 89, 102, 105, 136

   Wunscherfüllung (realização do) 102, 105, 108

   Wunschregung (moção de) 101

desprazimento

   Missfallen 106

deuses

   Götter 82, 89, 109

dissimular

   verbergen 40, 56, 57, 58, 59, 60, 61, 62, 65, 68, 74, 93, 131, 137

duplo

   Doppelgänger 79, 80, 81, 82, 83, 106, 131, 132, 134, 136

   Doppelgängertum (duplicização/ duplicidade) 76, 133

E

Édipo

   Oedipus 73, 133

emoção

   Gefühlsregung 47, 93

   Gefühlseinstellung (postura emocional) 96

   Gefühlserregung (excitação emocional) 21, 34

   Gefühlshintergrund (fundo emocional) 31

   Gefühlsprozesse (processos emocionais) 111

Gefühlston (tonalidade emocional) 29, 34

Gefühlswirkung (impacto emocional) 33, 35

Gefühlsreaktion (reação emocional) 94

encobrir

   verhüllen 49, 57, 59

epilepsia

   Epilepsie 39, 65

   Fallsucht 97

esconder

   verstecken 56, 60, 63

escultura

   Plastik 33

   Statue (estátua) 103

escuro (subst.)

   Dunkel 36, 100

   Dunkelheit (escuridão) 104, 113

   Halbdunkel (penumbra) 32

esgotamento

   Erschöpfung 25, 27

espectro

   Wiedergänger 143

espelho

   Spiegelbild (imagem especular) 80, 106

   Spiegelfigur (figura especular) 134, 136

espíritos

   Geister 19, 36, 38, 72, 80, 92, 94, 109, 149

Dryas (dríade) 37

esqueleto

   Skelett 41

esquisito

   seltsam 100

esquizofrenia

   Schizophrenie 142, 146

estranho

   fremdartig 51

estranho / estrangeiro

   fremd 20, 24, 39, 51, 54, 55, 82, 92

   die Fremden (os forasteiros) 54

eu

   Ich 79, 81, 136, 138

   Ichgefühls (senso egoico) 83

   Ichkritik (crítica egoica) 81

   Ichpsychologie (psicologia do) 81

   Ichs-Rest (resto egoico) 81

   Ichteilung (divisão egoica) 79

   Ichverdopplung (duplicação egoica) 79

   Ichvertauschung (permutação egoica) 79

   Spaltung des Ichs (cisão do) 81

   Untergang des Ichs (declínio do) 80

excitação

   Erregung 34

êxtase

   Ekstatische (o extasiado) 36

F

familiar (adj.)
  vertraut 24, 49, 50, 54, 60, 61, 93, 101, 108

fantasia / imaginação fantasiosa
  Phantasie 25, 36, 69, 73, 74, 81, 99, 106, 107, 108

fantasmas
  Gespenster 35, 36, 63, 72, 94, 109, 112, 113, 147
  gespensterhaft (fantasmal) 61
  gespenstisch (fantasmagórico) 58, 100, 140

feitiçaria
  Zauberei 96

fobia
  Phobie 138

fogo
  Feuer 31, 35, 70, 71
  Flamme (labareda) 31, 69
  Herd (fogareiro) 69, 75

foraclusão
  Verwerfung 81

fruição
  Genuss 34

G

genital
  Genitale der Mutter (da mãe) 101
  Genitalsymbol (símbolo) 80
  weibliches Genitale (femino) 100

governanta
  Kinderfrau 68, 69

grotesco
  grotesk 26

guerra
  Krieg 42, 45, 99, 139, 140, 146

H

histeria
  Hysterie 22, 39

horror
  Grauen 29, 41, 48, 58, 59, 113
  Grauenhaft (horripilante) 94
  graulich (horroroso) 58
  grausam (horrível) 57
  mit Grausen wenden (horrorizar-se) 79, 89
  schauerhaft (hórrido) 63
  schauerlich (horrendo) 68

hostil
  feindlich 42
  feindselig 21, 24

I

imortalidade
  Unsterblichkeit 80

impulso
  Antrieb 47, 80, 136

incômodo
  unheimlich / Unheimliche 20, 21, 24, 28, 33-38, 40, 48-50, 60, 64, 65, 67, 72, 73, 76-78, 80, 82, 83,

85, 86, 88-94, 96-109, 111-113,
129-139, 143, 149

Unheimlichkeit
(incomodidade) 82, 85, 94, 99,
104, 109

inconsciente
Unbewusste 63, 81, 88, 95, 132

inquietude
Beunruhigung 27, 134

insatisfação
Unbefriedigung 110

insegurança
Unsicherheit 23, 24, 26, 27, 28, 35,
50, 65, 72, 73, 76, 94, 104

introspecção
Selbstbeobachtung 81

L

latência
Latenz 40, 41, 131, 132, 137, 138

libido
Libido 143

língua
Sprache (em geral) 19
(alemão) 20, 21, 46, 49, 53
Fremdsprache (estrangeira) 48, 50,
51, 94
(árabe) 52
(espanhol) 52
(francês) 52
(grego) 51
(hebraico) 53

(inglês) 46, 51
(italiano) 52
(latim) 51
(português) 52

loucura
Wahnsinn 65, 70, 71, 73, 97, 133
Beachtungswahn (atencional) 81

luto
Trauer 138

M

mãe
Mutter 67, 68, 98, 99, 101, 106

magia
Magie 57, 58, 92, 96, 99, 135
magisches Denken (pensamento mágico) 136

mal-estar
Unbehagen 26, 34

máquina
Maschine 27, 30, 132, 143

máscara
Maske 26

masturbação
Masturbation 142

medo
Angst 27, 48, 68, 73-77, 90, 93, 95,
104, 106, 113, 131-138
ängstlich (medroso) 24, 25, 30
Ängstlichen (medonho) 48, 93, 96

melancolia
Melancholie 138

membro

   abgetrenntes Glied (amputado) 98

   Geschlechtsglied (sexual) 74

   männliches Glied (masculino) 74, 133

memória

   Erinnerung 67

monstro

   Scheusal 100

   Ungeheuer (ogro) 36

morte

   Tod 67, 69, 70, 74, 75, 80, 90, 94, 95, 96, 103, 104, 105

   Verstorbene (falecido) 80, 95, 96, 109

mulher

   Frau 36, 76, 102

   prostituta 84

N

não familiar (adj.)

   Nichtvertrauten 50

narcisismo

   Narzissmus 80, 81, 92, 134, 136

narcótico

   narkotisch 25

neurose

   Neurose 74, 88, 99, 100

   Zwangsneurose (obsessiva) 89, 90

O

olhos

   Augen 34, 36, 41, 67, 68, 69, 70, 72, 73, 74, 75, 102, 103, 133

   böser Blick (mau-olhado) 90

onipotência dos pensamentos

   Allmacht der Gedanken 91, 92, 96, 99, 102, 105, 108

orientação

   Orientierung 38

   Mangel an Orientierung (falta de) 20, 24, 25

   Unorientiertheit (desorientação) 27, 41

P

pai

   Vater 67, 68, 69, 70, 72, 74, 75, 133, 147, 148

   Vaterimago (imago paterna) 75

paixão

   Leidenschaft 25

pavor

   Entsetzen 70

peculiar

   sonderbar 33

penoso

   peinlich 26, 32, 33, 41, 48

pintura

   Gemälde 36

pulsão

   Trieb 23, 88, 138

Triebkraft (força pulsional) 136

Triebregung (moção pulsional) 88

Triebwelt (mundo pulsional) 138

Q

quimera

   Trugbild 26

R

recalque / recalcamento

   Verdrängung 75, 81, 93, 96, 101, 104, 105, 106, 107, 111, 112, 132

receio

   Scheu 27, 30, 68, 110

recoberto

   gedeckt 94

repetição

   Wiederholung 79, 83, 85, 96, 105, 134, 135, 136

   Wiederholungszwang (compulsão à) 88

repressão

   Unterdrückung 26, 82

repugnante

   häßlich 132, 133, 136, 143

S

sangue

   Blut 68, 70

satânico / Satanás

   Satan 36

secreto / oculto

   geheim 62, 86, 91, 93, 97, 98, 105, 108

segredo

   Geheimniß 24, 57, 58, 59, 61, 74, 130

   Hehl 137

semiconsciência

   Halbbewusstsein 32, 37

sensação

   Empfindung 24, 26, 27, 28, 34, 91, 103

   Sensation 21

sentimento

   Gefühl 20, 23, 27-30, 34, 35, 48-50, 64, 72, 74, 76, 77, 83, 85, 103-105, 108-113, 132, 135, 138

   Agressionen (sentimentos agressivos) 143

   Lebensgefühl (de estar vivo) 34

   Regungen von Gefühlen (moções de sentimentos) 24

sentir (subst.)

   Fühlen 47, 79, 94

silêncio

   Stille 104, 113

sinistro

   düster 109

solidão

   Einsamkeit 113

solitude

   Alleinsein 104

sombra
- *Schatten* 36, 55, 71, 80, 136

sombrio / obscuro
- *dunkel* 24, 35, 39, 74, 98, 136, 149
- *schwarz* 132

sonho / onírico
- *Traum* 37, 73, 74, 80, 83, 101, 135

sonolência
- *Halbschlaf* 27

sublimação
- *Sublimierung* 147

suicídio
- *Suizid* 133, 144, 148, 149
- *Selbstmord* 75, 147, 148
- *Selbsttötung* 144
- *Freitod* (morte voluntária) 148

superação
- *Überwindung* 80, 81, 82, 99, 101, 105, 107, 108, 109, 111, 132

superstição
- *Aberglauben* 86, 90, 109
- *Abergläubische* (o supersticioso) 36, 41

T

temor
- *Furcht* 61, 80, 132, 133, 134, 135, 139

tenebroso
- *schaurig* 53

terror
- *Schreck* 31, 37, 106
- *erschreckend* (aterrorizante) 67
- *schreckend* (terrificante) 99
- *schreckhaft* (aterrador) 27, 36, 48, 49, 50, 51, 69, 82, 99, 109
- *schrecklich* (terrível) 73

V

velado
- *verschleiert* 24, 89

ventre
- *Leib* 99, 101, 106

GRÁFICA PAYM
Tel. [11] 4392-3344
paym@graficapaym.com.br